タフな教室のタフな練習活動

英語授業が思考のふり巾を広げるには

泉 康夫

三元社

はじめに

　川崎市立中学校51校の中で筆頭と目される困難校に勤務して以来、自然に単語・単文・会話・長文レベルそれぞれを帯学習するというカタチを採るようになりました。当時は帯学習という言葉さえ知りませんでしたが、帯にしない限り身が持ちそうになかったからです。誰はばかることのない私語を前に教科書の音読は言うに及ばず、新出語の発音練習ですら成立しない状況が続き、「こっちを向いてくれる子を増やすしかない」の一念でした。

　帯学習というこの方法、荒れている学校でも優秀なお子さんの多い学校でも食いつきが良く、大いに助かります。「帯活動」とか「横断的学習」といった言い方も聞きます。「授業デザイン」と呼ばれるものもありますが、言わんとすることは多分どれもいっしょです。劉崇治先生（ゆう・すんち　大阪・中）の言葉を借りるなら、「何を教えたかではなく、何ができるようになったか」が重要で、「何度も説明するより、何度も練習できるシステムを」ということです。何度も練習すると生徒は飽きるのが道理ですから、飽きさせないためにポイント制（「ポイント化できる課題を与え続けよ」）で拍車をかけたりします。

　本書に紹介する練習活動はその多くがタフな教室状況をくぐり抜けてきたものです。私語や立ち歩き、他学級からの出入りなどが横行し、終了のチャイムまで残り10分、あと5分と小石を積むような、ヒヤヒヤものの授業から生まれました。他方、視野を世界に広げるような学習を少しでも織りこむことができたらとも考えました。勉強をあきらめ（かけ）た生徒が食いつく授業をすればそれで十分というわけではなく、思考のふり巾が広がっていくような授業でもありたいと願ったからです。

　教員個々、それぞれに独自の授業スタイルがあります。それは必ずしも私の実践となじむというものではないかも知れません。ただ、タフな教室に腰が引け、それでも重い足を今日も運ばざるを得ない方のヒントに少しでもなればと思います。

推薦のことば

タフな中学校の教室で、生徒に本物の世界を見せる

　泉さんは高校時代に、海上文夫先生から英語を習っている。海上先生は神奈川新英語教育研究会で 1960 年代から 70 年代にかけて事務局長を務められ、私たちにとっては大先輩と言える方である。高校生だった泉さんに、社会性を切り開く英語教育実践の種を蒔いて下さったのが海上先生であった。また、その後『何でも見てやろう』などの書籍を通じて泉さんに大きな影響を与えたのが小田実氏であり、本書の中に紹介されている多くの実践の中にその影響を見てとることができる。

　泉さんは川崎市の中学校でずっと英語を教えてきたが、川崎というのはその地区によって経済格差が極めて大きい市である。従って、家庭状況が極めて厳しい生徒が多く通う地域にある中学校では、「英語教育以前」の問題がたくさん存在する。泉さんの本書における実践はまさにこのようなタフな教室から生まれたものである。冷や汗、動悸、どこにもぶつけようのない怒り、猛烈なのどの渇き、自分に与えられた授業時間を全くコントロールできていない焦り。このクラスの授業はダメだと投げ出したくなったこともあるだろうが、ここで粘り、目の前の生徒の多くが取り組んでくれることは何なのかを見極めていく。多くの生徒がやってくれる活動がもしも見つかったら、それを一つの核にしたり、複数の活動を組み合わせたりしながら授業という形にもっていく。ここに泉さんの決して諦めないタフな実践がある。タフな教室で育まれたタフな実践は、タフでない教室でも通用することがほとんどである。

　それでは、泉さんの実践のいくつかを具体的に見ていこう。まずは単語の活動である「速写５０発」（泉さんが授業に取り入れる活動は、活動名が凝っていて面白い）を例にとろう。これはひたすら単語のスペリング、発音と意味を書き写すというタスクだが、ただやりなさいと指示するだけでは生徒は取り組んでくれない。この活動を成り立たせるために必要なことは２つ。time management とポイント制である。時間内に終えなくてはいけないと生徒を追い込み、また、きちんと取り組めたかどうかプリントを回収し、評価をし、それをポイントに組み込む。ここまでなら他の英語教員でも真似できそうだが、泉さんを泉さんたらしめているのが、時間設定に使う BGM である。泉さんが使う音楽は違う。しかも、ただこの単語活動を成り立たせるためだけに音楽を使うのではなく、泉さんの視線ははるか先にある。まず使うのは、Paul Hardcastle の *Nineteen* の英語版。次には同じ曲の日本語版。「ベトナム戦争とアメリカ人兵士のその後を主題とした。曲名の『19』は、アメリカのベトナム戦争従軍兵の平均年齢が 19 歳だったことを表している（Wikipedia）。」最初に英語版を聞いたときは、何かニュースのナレーションが挿入されていたりして何を言っているのか生徒は聞き取れない。いや、生徒は英単語を書くということに集

中して曲の中身を聞いていないだろう。次に同じ曲の日本語版を聞きながらタスクに取り組ませる。ここで余裕がある生徒は聞いている音楽がどんなものであるか少しずつ理解する。生徒には人気で、「携帯に取りこんだり、ダビングを頼みに来たり、amazonでCDを購入した」生徒もいて、この単語活動にはこの曲がなくてはならない存在になっている。そして、ポイントに使うのが「ベトナム国旗のシート」や「カボチャの芽」。「カボチャの芽」は、泉さんがタイに旅行に行ったときにバスの車掌さんがもっている切符を販売する装置を見て、これは切符の代わりにシールを入れれば授業に使えるのではと思い立ち、現地で交渉して購入してきたものから「発券」される。販売していないものを何とか譲ってもらうという執念。泉さんは小田実氏に触発されて、毎年のように東南アジア諸国を訪れていて、「世界のありよう」を目の当たりにしてそれを授業に活かしているのだ。そして、最終的には自分で英語を書き下ろした長文の読解につなげる。これは「映像と長文で巡る世界の現場」というもので、さまざまな社会的なテーマについてまずは映像を見てスキーマ（前提知識）を活性化し、続いてその内容に関する泉さん書き下ろしの長文を初見で読ませる試みである。この映像と長文こそが泉さんが中学校3年間というスパンの中で最終段階に位置づけているものだ。ここに至る伏線が Nineteen などで張られている。テーマは児童労働、地雷、少年兵士、侵略戦争、枯れ葉剤、原発などの世界の現実に生徒の目を向ける内容になっており、長文をほとんどすべて泉さんが中学校3年生で（注釈つきで）読めるレベルで書き下ろしており、しかも初見の長文に格闘することが、生徒にとっては高校入試対策にもなっている。スキーマを活性化するための映像をそろえるだけでも、驚異的な時間と資金をつぎ込んでいることが容易に想像できる。この情熱が教室にいる生徒たちに伝わらないわけはない。

　活動が「つながる」という点では、スピーキング系の活動も同様である。「基本文 Q-A 活動」、「基本文ペア活動」や「基本文口頭練習」は日本文を英語にしたり、基本文を使ったQ＆Aを行う活動で中学校や高校でよく行われている、生徒に基本文を刷り込む機械的な活動である。こうした活動に生徒を参加させるためには「カボチャ」やコインなどのポイント制が欠かせないわけだが、このような活動を毎回地道に続けていると、できる数が増えてきたりタイムが速くなったりというような即効的な効果が生徒にもすぐわかるはずである。こうして身につけた英文が「アンコールワットへ行こう」「ああ言えばこう！」「CHECK & RECHECK ～ WRITING & RECITING 編～」などのALTとのやりとりを伴った発展的なスピーキング活動やライティング活動に結びついており、最終的にはALTとの「スピーキングテスト」という活動で締めくくられる。そして単に話して終わりということではなくて、話したあとに書かせたり、逆に書かせてみてから話すなど二つの発表活動を行き来させている。

　「文法事項の前さばき」も泉さんのオリジナルである。歌に乗せたり、七五調で文法の「意味」と「形式」を生徒に文法をあまり意識させずに楽しく定着させている。例えば、不規則変化動詞の場合

は七五調で、

> 「しました」は　　動詞を go-went　変化させて
> Did「しましたか」　　didn't「しませんでした」

となるのだが、やってみるとかなり難しく、ワークショップで私をはじめ、他の英語の先生方が「つまずく」姿を何回も見てきた。

そして、このような諸活動が授業の中に「帯学習」として取りこまれ、例えば、

> 基本文Q＆A活動　→　基本文ペア活動　→　文法事項の前さばき　→
> 基本文口頭練習　→　本文音読・POINT訳　→　ドリル　→　英鍛語マシーン

とめまぐるしく展開し、ポイント制もあって取り組む生徒も増えてくる。これが横の糸。そして、先に述べたように、各活動が最終的にALTとのタスク活動に結びついていたり、スピーキングテストが用意されていたり、生徒が知らない間にアジアの現実に向き合うようにし向けられているのである。また、形を変えているが、各活動の中で「繰り返し」という要素が入れ込まれており、生徒への英語定着が自然とおこり、英語の学力がつく。こちらが縦の糸。横と縦の糸が複雑に絡み合っており、心憎いほど綿密な授業設計となっている。

それぞれのユニークな活動では、泉さんは英語ばかりを使っているわけではない。しかし、生徒はいつの間にか英語を言ったり、書いたりして相当な量の活動をしている。よくある、oral introduction や retelling などを取り入れた「洗練された」授業ではないのだが、生徒の状況をよく観察して、生徒が取り組む活動を帯活動という形で組み合わせて、授業を成立させて生徒に力をつけていく。決してスマートさはないかもしれないが、教室内はあるときは集中し、あるときは笑いにあふれ、多くの生徒が楽しく授業を受けているはずである。生徒へのフィードバックのしかたもユニークである。"Very good!" "Excellent!" などのすかしたものではなく、「目をつぶってると、まるで英語の人！」「えっ、2分以上いないの？」「またそれかよ！進化しろよな」など泉さんと生徒たちの信頼関係を彷彿させるものになっており、決して他の人にはそのまま模倣ができるものではない。

さて、こうした諸活動はすべてが泉さんのオリジナルかというとそうではない。本書でふれられているが、『新英語教育』などの英語教育誌を読んだり、英語教育の研究会などで他の先生の実践を聞いたりして、その中で興味をもったり、自分の教室に取り入れられそうなものを自分の目の前にいる生徒たちに合うようにアレンジしている。そこには、私が泉さんと一緒にやってきた

新英語教育研究会の実践が中心になっているが、他の研究会での実践にヒントを得たものもある。こうした研究会への参加のしかたも泉さんはユニークである。これはと思った実践は全体像をつかみ、自分のものにするため、同じ先生の発表を何回も追いかける。一方、朝から夕方まで一日行われる研修会では、午前中だけ聞いて帰ったり、昼から来て発表を一つだけ聞いて帰ることも多い。発表のタイトルと概要から、自分で必要だと思う実践をピンポイントで聞いていくというアプローチをとっている。

　もう一つ、泉さんと言えば「多読」である。神奈川新英語教育研究会で 2008 年に電気通信大学の酒井邦秀先生に来ていただき、「ここまでの多読、ここからの多読」というタイトルで「多読指導」について講演をしていただいた。全く予想もしていなかったのだが、この講演で「多読」の火がついたのが泉さんと私である。講演直後はお互いに競って、ペーパーバックを読んだものである。泉さんが Robert B. Parker、私が Mary Higgins Clark と好んだ作家は異なったが、ミステリーを二人とも選んでいた。私の方は Clark のほぼ全作品を読んだところでギブアップしたのだが、泉さんはやはり泉さんで、しばらくは "Spenser's novels are addictive." と言っていたが、当然のようにミステリーでは物足りなくなり、社会性のある作品にのめり込んでいる。泉さんは多読した本についてそのあらすじ、印象に残った英文、自分の理解度などを神奈川新英語教育研究会メーリングリストの中に書き込んでいるのだが、これが今日現在 397 回目。ということは、泉さんはすでに 397 冊ものペーパーバックを読んできたことになる。個人的には、是非 500 冊を目指して、その数を突破した際には多読にしぼった書籍を自費出版してもらいたいという強い希望をもっている（実はこの目標に達した先生が山形県におり、『英語教師 40 年の足跡』（斎藤造酒雄著）という書籍にまとめられている）。これだけペーパーバックを読むと、副作用にさいなまれ、「多読病」という病に冒されることになるのだが、この実例に関しては本文をご覧あれ。

　読者の皆さんには、タフな教室で行われてきたタフな実践をじっくりと味わっていただき、目の前にいる生徒の実状に合わせてアレンジして実践していただけると嬉しい。

神奈川新英語教育研究会事務局長
萩原　一郎

目　次

はじめに ………………………………………………………………………… 3

推薦のことば …………………………………………………………………… 4

第1章　授業マネジメント
　　　　ポイント制 ………………………………………………………… 10
　　　　帯学習 ……………………………………………………………… 11

第2章　単語系
　　　　速写50発 …………………………………………………………… 13
　　　　英鍛語マシーン …………………………………………………… 13
　　　　速写50発～ビンゴ編～ …………………………………………… 14

第3章　スピーキング系
　　　　基本文Q-A活動 …………………………………………………… 16
　　　　基本文ペア活動 …………………………………………………… 16
　　　　スピーキング・テストと裏メニュー …………………………… 17
　　　　基本文口頭練習 …………………………………………………… 18
　　　　Mines!! ……………………………………………………………… 18
　　　　アンコールワットへ行こう！ …………………………………… 19
　　　　アジアの国を歩いてみよう ……………………………………… 21
　　　　ああ言えばこう！ ………………………………………………… 21

第4章　リーディング系
　　　　本文音読練習 ……………………………………………………… 23
　　　　本文音読チェック ………………………………………………… 23
　　　　Mines!! 音読チェック …………………………………………… 24

第5章　ライティング系
　　　　基本文口頭練習準備編 …………………………………………… 25
　　　　CHECK & RECHECK ～WRITING & RECITING編～ ……… 25
　　　　基本文をものにしよう！ ………………………………………… 26

第6章　リスニング系
　　　　歌の聞き取り練習Ⅰ型 …………………………………………… 28
　　　　歌の聞き取り練習Ⅱ型 …………………………………………… 29
　　　　モジュール式ディクテーション ………………………………… 30

目 次

- **第 7 章　本文などやっつける系**
  - CHECK & RECHECK ～本文理解編～ …………………………… 32
  - 読解マシーン ～10段変速サクサク編～ …………………………… 32
  - 定型もの対応マニュアルⅠ型 …………………………………………… 34
  - 定型もの対応マニュアルⅡ型 …………………………………………… 34

- **第 8 章　長文系**
  - 映像と長文で巡る世界の現場 …………………………………………… 35

- **第 9 章　文法系**
  - 文法事項の前さばき ……………………………………………………… 40
  - 関係代名詞を攻める ……………………………………………………… 40

- **第 10 章　定期試験問題**
  - 3 学年前期中間テスト …………………………………………………… 42

- **第 11 章　総合的な学習**
  - 3 年生総合「お墓と平和館から始めるメッセージ交換活動」 ……… 44
  - 2 年生総合「メッセージ交換活動に向けて」 ………………………… 47
  - 1 年生総合「川崎と戦争」 ……………………………………………… 50

- **第 12 章　授業のふり巾を広げるアレコレ**
  - 19（ナインティーン）日本語リミックス版 …………………………… 53
  - "SAYONARA"?! …………………………………………………………… 53
  - フィリピン・モロ民族解放戦線の若者たち …………………………… 54
  - 「やるじゃんか、若者！」 ……………………………………………… 55
  - パヤタスでの出来事 ……………………………………………………… 56
  - 南京にて …………………………………………………………………… 56
  - 「人の生きる力」に出会うフィリピン ………………………………… 57
  - 多読 ………………………………………………………………………… 59
  - *An Ordinary Man* by Paul Rusesabagina …………………………… 61
  - *To Kill a Mockingbird* by Nelle Harper Lee ………………………… 62
  - 『黄色い老犬』と *Old Yeller* by Fred Gipson ………………………… 63

- **資料編** 　66

- **おわりに** 　120

第1章　授業マネジメント

■■■ ポイント制

かつて市内で一番荒れていたH中からの出題です。お楽しみ下さい。

スーパーだったあの頃クイズー！

a．H中の2年男子数名がN中に放課後侵入した際、N中がとった素早い対応とは？
（複数選択も可）

　　①H中生徒指導担当への身柄引き取り依頼
　　②全部活動生徒の緊急下校
　　③警察署への通報　　　　　　　　　　　　　　　ヒント→なし

b．ライターで火を点けて燃やすからと廊下や階段の掲示物が全て撤去されました。すると3年一部男子は外清掃用の竹箒に火を点け、股がって走り回りました。この遊び、何と呼ばれたでしょう？

　　○○の○○○ごっこ　　　　　　　　　　　　　ヒント→ジブリ

c．夏休み直前、ある2年男子が万引きで捕まりました。それは哀しい万引きでした。さて、彼がかっぱらおうとした物とは？

　　○○○ヤ○！　　　ヒント→ブラジャーではない。コンニャクはありえない。

d．9月、市教育委員会によるH中への指導主事学校訪問（拡大要請訪問）にあたり、事前に学校教育部指導課主幹が指導主事の面々に問うたこととは？

　　「○○○を○○ながら歩いてくる生徒に廊下で出くわしたらどうします？」　　　　　　　　　　　ヒント→「お菓子を食べ」のレベルではない。

e．異動希望を出していた某中学校教員が2月末の全市英語科主任会会場で休息時間に口走ったセリフとは？

　　「○○に来たのが、H中でさあ・・・」　　　　　　ヒント→漢字2つ

f．3月、某中学校教務主任がH中への異動内示を受けました。しかし彼はこれを渋り、翌年度は「フツー」の中学校に赴任しました。「これで管理職への道は絶たれたな」と事情通の間では囁かれたものです。さて、「フツー」の中学校で3年間を送った彼のその後はいかに？　　　　　　　ヒント→えっ、あり？！

（答えはP.12）

第1章 授業マネジメント

　H中に着任して間もない5月の連休明け、2年7組の授業が崩壊しました。止むことのない騒ぎを前になす術はなく、授業終了のチャイムを今か今かと待ちました。情けなくて、いっそ教室から消えてしまいたい心境でした。「生徒をポイントであおって競争に駆り立てるのは果たして…」というごもっともな意見もありますが、背に腹はかえられません。同僚に倣い、すがる思いでポイント制に飛びつきました。

　ポイント制は荒んだ教室に競争を生み、教師の負担を軽減してくれます。フツーの学校では小テストや定期試験といった従来からのポイント制で生徒は机に向かってくれますが、荒れている学校ではそうはいきません。次時に、前時にゲットしたポイントをハンコやシールなど、目に見える形で示してあげることが求められます。ましてや午前中の授業が終わるとホッと息をつく、そんなチョー荒れている学校にあってはすぐその場で「よいしょ」してあげる必要があります。

　私自身は指名や挙手による正答、練習活動やALTとのTTでの頑張りに対して**カボチャ**や**カボチャの芽**などの絵柄をゴム印で押したシートをその場でわたし、授業中の努力はその枚数によって評価されるとしています。ゴム印は特注品で、シートにはレジのロール・ペーパーを流用しています。ロール・ペーパーを収納する金属筒はタイでバスの車掌が切符と釣り銭入れに使用しているものを改造し、指名カードが装着できるようにしました。獲得した**カボチャ**や**カボチャの芽**は教科書の指定したページに糊付けさせています（表紙カバー参照）。教科書に貼らせることで、教科書忘れを減らすことができます。

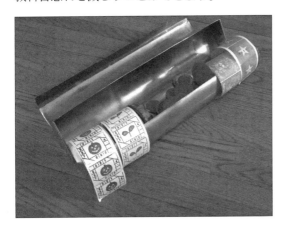 

■■■帯学習

　授業規律が著しく崩れ、学習意欲の乏しい教室では、こっちを向いてくれる生徒を増やすことが最優先課題だと思います。頼みの綱は、英語は苦手だが、それでもついてきてくれる生徒たちです。彼らが参加しやすい、間口の広い活動をこそ仕掛けるべきでしょう。

　帯学習という手法ですが、私の場合は意識して帯にしたというわけではありません。当初は帯学習という言葉さえ知らなかったくらいです。ポイント制で息をつき、参加率が少しでも高くなる方向に歩いて行ったらいつの間にか帯学習になっていたという感じです。通用する学習活動が極端に少なく、その虎の子の活動をチューンアップしながら明けても暮れてもくり返さざるを得なかったことが却って幸いしたというところがあります。

　帯学習というカタチを採ることで基本文の仕込みはかなりみっちりやることが可能となります。

「みっちり」を支えるのはポイント制です。生徒の学力は着実に上向きます。基本的には文法事項１つ当て、最低３種類の帯学習を互いにオーバーラップさせて組み、最後は ALT との表現活動につなぎます。

クイズ正解

a．①②③の全部…「こっちは毎日相手してんだぜ。そんなに素早く対応しないで、少しくらい遊んでやってくれよ！」

b．魔女の宅急便ごっこ…「うーん、イマジナティブー！」

c．ワイシャツ…「あいつんち、めちゃんこ貧乏だからなあ」「襟も袖口もボロボロの着てんだよね」「かわいそ過ぎて、涙が出るぜ。不良さんだけど…」

d．タバコを吸いながら…「って言うか、１人歩きは避け、グループで移動するってことが先決かな？」

e．最初…「ってことは、断ったんだ。また一人、転出できないんだ！」（現在、断ることはできません）

f．栄転して教頭職に収まり、一般教員の助言指導にあたった。…"Cannot be!"

第2章　単語系

■■■ 速写50発 ……………………………………………………………… 資料編 P.66

　授業が崩壊し、呆然と立ちつくしたときのことは忘れようにも忘れられません。あの頃、生徒たちが一心に食らいつく活動は私の授業にはなく、授業終了のチャイムが鳴るとともに逃げるようにして職員室にもどるギリギリの毎日でした。

　そんな中、やけくそで始めた「速写50発」が意外にもヒット。お陰でどうにかしのぐことができました。「行くぞ、空元気！」と覚悟を決めて職員室を出るものの、その覚悟たるや階段までが精々。踊り場では必ず一言、念仏のようにつぶやいてから授業に向かったものです。「速写、飽きんなよなー」。「速写50発」は、Paul Hardcastle の *Nineteen*（3分35秒）が流れている間に単語と意味、カタカナ発音をただひたすら上から下に書き写すという単語練習活動で、曲が終わったら回収・採点し、次時に返却しました。生産性のこれっぽっちもない代物ですが、40分授業（45分、50分授業は論外でした）の中盤に据えたこの活動で一息つき、その間、前半でグサグサにされた心をどうにか立て直し、気力を後半につなぐことができました。あれから十数年が過ぎましたが、今でもありありと目に浮かぶ光景があります。その日、授業でこの「速写50発」をやっていたところ、他クラスの男子生徒が廊下に現れ、窓越しに仲間のD君をタバコに誘いました。D君は「今、ダメ」と首を横に振りました。男子生徒は「あっ、速写？」と言って、一人で一服しに行きました。うれしかったですね。「勝った」と思いました。

手 順
① プリントを列の人数分、一番前の生徒の机に置く。配らせない。
② 「Ready? Go!」で一斉に配らせる。
③ CD、スタート。
④ ラッパが鳴ったら、「残り1分30秒！」 機関銃の掃射音で「残り30秒！」と知らせる。
⑤ 曲が終わったら、「ストップ！ 回収！」

評 価
　スペリング・ミスの箇所に赤ペンで下線を引き、完璧にできたら**A**°／1つ×なら**A**／2、3個×なら**B**／4個×なら**C**°／5個以上×なら**C**としています。

■■■ 英鍛語マシーン ……………………………………………………… 資料編 P.67-68

　「速写50発」を改良したもので、こちらも体力勝負型の単語練習活動です。単語を覚えようという気持ちがあまりなくても着実に書けるようになります。この活動をとっかかりにして、市内で三番手くらいと思われる困難校M中のしょうもない連中と英語の勉強についてようやく言葉らしい言葉を交わすことができるようになりました。定時制高校に進学し、間もなく中退してしまったある男子生徒が授業中、この「英鍛語マシーン」をやりながら突然声を上げたことがありました。「やっべー！ 俺、8番まで一回も裏見てねえよ！」彼にとっては英語学習の手応えを初めて

実感する活動となったようです。私語が多く、落ち着きのない教室をピリッと引き締め、強力な橋頭堡となることを請け合います。英語嫌いな生徒にとって、単語が書けるということの意味の大きさは私たち英語教員の想像をはるかに超えます。どなたにも、どんな教室にも一心不乱の5分9秒をお約束します。

　Paul Hardcastle による Nineteen の日本語版（5分9秒）を流し、曲が終わるまでに単語と意味、カタカナ発音を用紙に記入させます。曲の終了後、プリントは回収・採点し、次時に返却します。10個の単語を都合6回ずつ練習しますが、回を重ねる毎に伏せ字（**）を増やし、その位置も変えることで綴りの精度を高めます。

```
1回目…2、3文字を*        2回目…母音字を*
3回目…子音字を*          4回目…1文字置きに*
5回目…殆ど*              6回目…わざと間違えた文字を入れる
```

　裏面のワードサーチは次の手順で作成します。①「puzzlemaker」で検索　② discovery school's puzzlemaker をクリック　③ word search をクリック　④ step 2 に縦と横の文字数を入れる　⑤ step 5 に interesting, take, winter などを打ち込む　⑥ create my puzzle をクリック

手順

①プリントを列の人数分、一番前の生徒の机に置く。配らせない。
②「Ready? Go!」で一斉に配らせる。
③CD、スタート（生徒はうろ覚えの綴りを素早く裏面で確かめながら作業を進めます）。
④ラッパが鳴ったら、「残り1分30秒！」　機関銃の掃射音で「残り30秒！」と知らせる。
⑤曲が終わったら、「ストップ！回収！」

評価

　スペリング・ミスの箇所に赤ペンで下線を引き、表と裏が完璧にできたら **S**（スペシャル）／裏ができていなくても、表が完璧なら **A**°／表が1つ×なら **A** ／ 2、3個×なら **B** ／ 4個×なら **C**°／ 5個以上×なら **C** としています。

■■■速写50発 〜ビンゴ編〜　　　　　　　　　　　　　　　　　　　　資料編 P.69

　Paul Hardcastle の Nineteen（3分35秒）が終わるまでに単語とその意味をひたすら左から右に書き写します。その後ビンゴゲームに移り、ビンゴ4つ完成で**ベトナム国旗**のシートを1つゲットできます。ただし、先着10名まで。たとえシートをゲットできなくても、単語と意味が正しく書かれていれば **A**°です。このビンゴのミソは速写に入る直前に「じゃあ、今日は動詞→名詞→形容詞の順な」と板書し、「例えばどれが動詞かって言うと、ウだぞ、ウ！」「ウ？」「あれっ、知らない人もいるってこと？　じゃあ、軽く説明。eat の意味は何？」「食べる」「そう、食べるウだよね。じゃあ、write は？」「書く」「ほら、書くウじゃないか。つまり最後の音を引っ張るとウってなるとき、それは動詞だってこと。形容詞は…」と説明しておき、ビンゴの際には板書した品詞順に単語を読み上げる点です。ビンゴ4本ゲットは運頼みではなく、実力勝負ということになります。「ビンゴなんて運じゃん。運で成績がつくわけ？」とは言わせません。生徒は自然、品詞に目が向

くようになります。この活動は、教室状況が最悪だった頃でも参加率はたいてい 100％でした。恥ずかしい話ですが当時、列を挟んで声高にしゃべる生徒やマンガ本・メールに夢中の生徒、机に伏せってしまう生徒などが参加してくる活動は、この「速写 50 発 〜ビンゴ編〜」と「速写 50 発」、そしてリスニング系の「歌の聞き取り練習」以外にはありませんでした。

手順

① プリントを列の人数分、一番前の生徒の机に置く。配らせない。
②「Ready? Go!」で一斉に配らせる。
③ CD、スタート。
④ ラッパが鳴ったら、「残り 1 分 30 秒！」 機関銃の掃射音で「残り 30 秒！」と知らせる。
⑤ 曲が終わったら、「ストップ！ 色ペン、準備！ ビンゴ、行くぞー！」
⑥ ビンゴ終了後、「意味記入！ ビンゴ用紙から教科書の新しい単語の近くにだぞ。5 分な」。
⑦ 頃合いを見計らって、「止めーい！ ビンゴ用紙、回収！」

評価

スペリング・ミスの箇所に赤ペンで下線を引き、完璧にできたら **A**°／1 つ×なら **A**／2、3 個×なら **B**／4 個×なら **C**°／5 個以上×なら **C** としています。

第3章　スピーキング系

■■■ 基本文 Q-A 活動

　授業開始直後に行う5分ほどのルーティン・ワークです。各学年共、教師は「AK47 ～質問ビシバシ編～」のプリントからクラス全体に質問します。例えば1年生の場合、What day is it today? や How many CDs do you have?、Where do you want to go?、What time did you get up? などとランダムに投げかけます。挙手や指名で答え、正解なら**カボチャ**ゲットです。ただし、教師が It's 9:55 now. とか I like summer better than winter. などと投げかけた場合、生徒は What time is it now? や Which do you like better, summer or winter? と対応するのがお約束。基本文を少しずらし、「友だち、何人いる？」や「私たちは今日、何時に昼食を摂りますか」、「純鈴と麗奈はどんなスポーツが好きなの？」など、和文英訳も交えます。一問一答が基本ですが、What time is it now? → It's 10:52 now. → What are you doing now? → I am studying English now. → Is English your favorite subject? といった具合に関連質問を重ねる場合もあります。

　※関連質問に即応するこの練習は「アンコールワットへ行こう！」や「ああ言えばこう！」、ライティング系「CHECK & RECHECK ～ WRITING & RECITING 編～」などとオーバーラップしていて、最終的に「スピーキング・テスト」にリンクします。

■■■ 基本文ペア活動　　　　　　　　　　　　　　　　　　　　　　資料編 P.70-72

　「基本文 Q-A 活動」に続いて行う7、8分のルーティンワークです。どの学年も6月下旬頃にスタートさせています。

手順

　1人が「AK47 ～質問ビシバシ編～」プリントから side B の日本語を1番から言い、もう1人がプリントは見ずに side A の英語で応じます。3分間でいくつ言えるかという活動で、役割交代制です。この side B（日）→ side A(英) のパターンをしばらく続け、side A の疑問文が言えるようになってきた（遅れがちな生徒もそこそこ追いついてきた）ところで side A → side C の英問英答パターンに変えます。英問英答は2分30秒で計測し、やがては数の勝負からタイム・レース（答えの英文20個を何分何秒で言えるか）に移行します。何度も同じ練習をすると生徒は飽きますから、side B → side A に2週間ほど戻ったり、side A → side B を1週間ほど続けるなどして変化をつけます。

評価

　活動終了後、言うことができた疑問文の数やタイムをプリントのチェック欄の欄外に記入させます。記入後、「15から20？」「9以下さ迷い？」「2' から 2' 30"？」「1' から 1' 29"？」などと聞いて挙手させ、「おっ、土日挟んだのに、増えたね」「あっ、減ってる！」「速っ！」「えっ、2分以上いないの？」などとコメントします。プリントは回収し、英語が苦手な生徒の結果には必ず目を通します。次回に励ましたり、発破をかけるためです。

第3章　スピーキング系

※ 4月以降、6月下旬頃まではこの「基本文ペア活動」のスタートに向けて基本文を仕込みます。今日の授業は5分ほど早く終わりそうだというときとか、ちょっとしたスキマ時間に基本文を1つ導入します。こんな具合です。

① 雲・太陽・雨と傘・雪と雪だるま・強風でしなる立木を黒板にチョークで描き、それぞれの線画を指しながら cloudy → sunny → rainy → snowy → windy の順にリピートさせる。
② 線画をランダムに指し、それぞれの語をリピートさせる。
③ 線画をランダムに指し、それぞれの語を手助けなしでコーラスさせる。
④ 「次は単語じゃなくて、文章な。単語の前に It's をくっつけるだけ」。線画を指し、It's cloudy. → It's sunny. → It's rainy. → It's snowy. → It's windy. の順にリピートさせる。
⑤ 線画をランダムに指し、それぞれの文を手助けなしでコーラスさせる。
⑥ 「次は『今日は晴れています』っていう言い方な。today を最後にくっつけます」。線画を指し、It's cloudy today. → It's sunny today. → It's rainy today. → It's snowy today. → It's windy today. の順にリピートさせる。
⑦ 線画をランダムに指し、それぞれの文を手助けなしでコーラスさせる。
⑧ 「じゃあ、最後に『指折り数えて Ten Times』行くぞー。こういう感じな（とやってみせる）。練習した5つの英文から言いやすいのを1つ選んで、それを指折り数えて10回言うんだぞ。OK? Stand up, everybody! Go!」
⑨ 「It's cloudy today. It's cloudy today. It's cloudy today. It's cloudy today.（「終わったら、座れよ」。）It's cloudy…」
⑩ 「これから英語で質問するから、指名されたら今練習したので答える。OK?」
　Honna, how is the weather today? — It's rainy today. **→カボチャ**
　How is the weather today, Yamaguchi? — It's cloudy today. **→カボチャ**
　Hanaoka, how is the weather today? — It's snowy today. **→カボチャ**

■■■スピーキング・テストと裏メニュー　資料編 P.73-74

ALT によるスピーキング・テストです。1、2年生は3月、3年生は12月に実施します。2時間扱いですが、少人数クラスの場合は1時間です。

手順

廊下（少人数クラスの場合は教室の後ろ）に ALT と生徒が向かい合って座る席を設けます。ALT は机を使いますが、生徒は椅子だけです。その生徒の椅子から後ろへ2mほど離れた位置（スピーキング・テストでのやり取りが聞こえる距離）に順番待ちの生徒用の椅子をもう一つ配置します。あらかじめ順番を決めておき、1人が終わったら自動的に移動するよう指示します。

スピーキング・テストで使う CHECK SHEET の疑問文は「基本文ペア活動」でくり返し練習してきたものです。ただ、「基本文ペア活動」が一問一答であるのに対し、このスピーキング・テストでは生徒の返事に関連させて ALT は質問を重ねていきます。関連する質問が尽きたら CHECK SHEET 左端の他の質問に戻り、改めて関連質問を続けます。関連質問への即応練習は「基本文 Q-A 活動」や「アンコールワットへ行こう！」、「ああ言えばこう！」、ライティング系「CHECK & RECHECK ～ WRITING & RECITING 編～」などを通し、すでに経験済みです。なお、テストを受

けていない生徒の裏メニューは「基本文を完成しよう！」です。教科書の使用はOKですが、「AK47〜質問ビシバシ編〜」のプリントは配布しません。完成したらJTEのチェックを受け、その後は副教材のワークをコピーしたプリントに入ります。こちらも1ページが終わる毎にJTEのチェックを受けます。なお、CHECK SHEETは、ALTによる評価を転記してから生徒に返却します。

■■■ 基本文口頭練習 ……………………………………… 資料編 P.75-76

A4からA0（841×1189）に拡大コピーした練習用シートのイラストそれぞれに適う基本文を口頭で発表する練習活動です。新しいレッスンの1時間目、新出語の紹介と単語系「速写50発〜ビンゴ編〜」、文法系「文法事項の前さばき」のノート記入を終えた後、すぐに基本文の仕込みに入ります。

［手 順］

イラストについてごく簡単に説明し、既習の英語表現については生徒たちから引き出しつつ、2段目までの英文は教師が与えます。各文をリピートさせながら進めます。ただし3段目からのイラストについては考える時間を少しとり、生徒自らの発表へと持っていきます。発表した英文が正しければ**カボチャ**ゲットです。

2時間目から挙手や指名によるチェックをスタートさせます。**カボチャ**を得んがために発表の度に同じ英文をくり返す生徒もいますので、**カボチャ**は与えながらも「また、それかよ！ 進化しろよな」と尻を叩き、「1段目は使用禁止な！」「縦列、左から2列目だけだぞ」などと徐々に条件をきつくしていきます。他の英文もものにするよう促すためです。その後、「疑問文のみ」「否定文のみ」と条件を変えます。やがて肯定文や疑問文、否定文に馴染んできたところで基本文を少しずらし、「彼らはどのくらいサッカーをやっているんですか」「彼は1997年からどこに住んでいますか」「彼女は何を20分間待っているんですか」など、疑問詞を含む口頭英作文を織り交ぜます。

［評 価］

正しく答えることができれば**カボチャ**。

※ ここで練習する基本文は、ALTとTTで行うライティング系「CHECK & RECHECK 〜WRITING & RECITING編〜」やスピーキング系「アンコールワットへ行こう！」にオーバーラップさせます。困難校ではこうした「変化あるくり返し」の工夫が欠かせません。

■■■ Mines!! ……………………………………………… 資料編 P.77-78

リーディング系「Mines!! 音読チェック」で読みこんできた英文をそのまま使うメカニカルな練習活動です。この活動は手法そのものがカンボジアが抱える課題にクロスしていて、自ずとその一端を語ってくれることもねらっています。三単現や現在進行形、can、過去形、There is(are)、受け身など、ほとんどの基本文を強化することができます。8回戦分を用意し、対戦が終わる度に相手を変えます。まるまる1授業時間を使います。練習活動に入る前、先ず16のマスの中から4マス選ばせ、それぞれの（　　）に自分のイニシャルを書き込ませます。次に、すでにある2つの地雷マス（教師はあらかじめ地雷のゴム印をランダムに押しておきます）とイニシャルを

記入したマス以外のマスに自家製地雷を3発（「地」や「✖」のように相手にもそれが地雷と分かるように）仕掛けさせます。

手順

①今から、相手がイニシャルをどのマスに書いたかを当てるゲームをします。
②マスをどれか1つ選び、そのマスの中の疑問文を使って相手に質問します。
③質問された方は、相手に質問されたマスの中に自分のイニシャルが書いてあれば Yes, 〜、書いてなければ No, 〜 と答えます。
④質問した方は、相手から Yes, 〜 が返ってきたら〈　　〉の中に○を、No, 〜 が返ってきたら×を記入します。相手から Yes を先に4つゲットした方が勝ちです。
⑤さて、ここからが重要です。先攻後攻はジャンケンで決めて1回ずつ質問をくり返しますが、相手が地雷マスの疑問文を言った場合は Yes、No で答えずに、「Mine!」とか「地雷！」と叫びます。相手は地雷を踏んで動きがとれないので自家製地雷の場合は2回、先生が前もって仕掛けておいた2つの強力地雷の場合は3回連続して質問することができます。
⑥では、隣同士でジャンケンします。いくぞー！最初から！！勝った方が先に質問します。
⑦質問に答えるときの Yes、No だけど、絶対に嘘はダメ！嘘ついたら舌抜くか、針千本飲み。いいな！
⑧さて、これからある曲（Zero Landmine -Short Version-）を流します。約5分です。曲が流れている間に1つでも多く相手のイニシャルを見つけたほうが勝ちです。
⑨ゲームが終了したペアは4コマ漫画（『ノーモア地雷』柴田知佐, 1999）を読んでください。
　※『ノーモア地雷』に続き、漫画『ディマイナー・アキラ物語』（三枝義治, 2006）をプリントの裏に連載します。
⑩ Ready? Go!

評価

授業終了5分前には活動を閉じ、ご褒美として NGO「カンボジア地雷撤去キャンペーン」の地雷シールを勝率1位の者に3枚、2位には2枚、3位には1枚を与えます。同率で1、2、3位に入った生徒にも同じ枚数を与えます。

■■■アンコールワットへ行こう！ ················· 資料編 P.79

基本文学習後にしばらく期間を空けてから復習の機会を設け、定着を強化しようというものです。新妻恵美子先生（茨城・中）が作成された双六形式のプリントをヒントに考案しました。この活動も「Mines!!」と同様、手法そのものをカンボジアの地雷被害にクロスさせています。

手順

ライティング系「CHECK & RECHECK 〜 WRITING & RECITING 編〜」とほぼ同じで、違いは指定されている語句2つのどちらかを使ってスキットを演じることです。ALT や JTE の前で生徒同士が4、5文のやり取りをし、最後は必ず ALT や JTE への質問で終わるのがお約束です。ALT と JTE はその質問に答えた後、簡単な英会話に発展させます。ジェスチャーや顔の表情、小道具

の利用なども評価し、出来の良いものについては＋や＋＋、＋＋＋をサインの横に書き添えます。TTとは言え、完全に分業ですので相手に気を遣うことがなく、自分のペースでできるとALTから好評です。

生徒①：Did you play soccer yesterday?
生徒②：Yes, I did.
生徒①：But in the rain?
生徒②：Yes. I love soccer.
生徒①：Derek, he really likes soccer very much. Do you like soccer?
Derek ：Not really. I like basketball better. You don't play basketball?
生徒①：I play basketball. But I love baseball.
生徒②：When did you start playing basketball?
Derek ：When I was a little boy.

評価

　授業終了5分前には活動を閉じ、サインと＋の合計数をプリント右上のに□記入させます。合計数の多い順に1位→**外国コイン**3枚、2位→**外国コイン**2枚、3位→**外国コイン**1枚を与えますが、＋の合計が同数で1、2、3位に入るグループが複数に上ることがあります。かなりの数のコインが必要になるため、アメリカやカナダ、シンガポール、ユーロの1セント、タイの1バーツ、フィリピンの1ペソ、ベトナムの200ドンなど、少額通貨を充てています。**カボチャ**や**カボチャの芽**と同様、コインも教科書の指定されたページにセロハンテープで貼り付けます。ゴールした生徒にはご褒美としてNGO「カンボジア地雷撤去キャンペーン」の地雷シールを1枚与えます。

※毎年5月初旬に催される「Tokyo International Coin Convention」の日本赤十字社千葉支部のコーナーで世界中のコインを格安で入手することができます。

※この活動のために模擬地雷を製作しました。ブリキの丸型トレー2個をボルトで締め、内側に防犯用警報センサーを仕込んであります。この模擬地雷の上に「アンコールワットへ行こう！」のプリントを置き、会話に入ります。会話終了後、生徒がジャンケンで勝ち、3つ前進するとしましょう。その3つ目が地雷マスの場合、指先で「トン・トン・**トーン**」と3つ目だけをやや強く叩くと発報する仕掛けです。カンボジアやアフガニスタン、ミャンマーな

どで今も続く地雷被害のことを考えると褒められたものではありませんが、生徒からはすこぶる人気です。強烈な音が轟くと歓声が上がります。

■■■ アジアの国を歩いてみよう　　　　　資料編 P.80-83

　荒れが慢性化している状況なのに次年度は順番で ALT のベース校になり、TT が増えるとのこと。TT に対応する新メニューをと頭を抱えました。旅行代理店の店先に並んだ海外旅行パンフの写真や私自身が旅行先で撮った写真がヒントになり、「トラベル英会話」を思い立ちました。写真はインターネットを通していくらでも手に入りますので、どこの国にでも旅行することができます。最初に取りかかったのは韓国。笹田巖先生（東京・高）による朝鮮半島の歴史についてのリーディング教材を意識しました。2 年生夏休み明けからの TT を念頭に置き、これまでに韓国編・シンガポール＆マレーシア編・タイ編・香港編・カンボジア編・ベトナム編・フィリピン編を仕上げました。海外旅行先での英会話はどこの国でも似たようなものですから、自然と帯学習になります。カードは 25 枚ほど準備します。「アンコールワットへ行こう！」同様、この活動も ALT との分業制です。

手 順
①自由にグループ（2 人組や 3 人組、1 人チャレンジも OK）を組ませる。
②グループができたら、代表に指示カードを取りにこさせる。
③JTE は ALT の机の前に列を作らせ、その国の民族音楽やポップスで編集した BGM を流す。
④生徒はカードの指示に従い、英語で質問する。一方、JTE は生徒からの英語表現上の質問に応じる。
⑤ALT は答えシートから生徒の質問に対応する答えを探して応答した後、簡単な英会話に発展させる。
⑥生徒は JTE に指示カードをもどし、ALT にどう質問したか、何を聞き取ったかを伝える。
⑦JTE は生徒が ALT から得た情報を答えシート（ALT のものと同じ）で確認する。
⑧次の指示カードをわたす。

評 価
　⑦で確認の後、**カボチャ**（達成度によって、生徒それぞれに 2 枚・1 枚・半枚）を与える。

■■■ ああ言えばこう！　　　　　資料編 P.84

　身の回りのことや注目を集めている社会時事、教科書で習ったことなどについて ALT に話しかけ、返ってきた答えに即応して会話をつないでみようという練習活動です。活動の途中、content が＋＋＋と評価された「ああ言えばこう！」を全員の前で再現させ、質の高さを求めたりします。ALT との分業です。

手 順
①自由にグループ（2 人組が基本だが、3 人組や 1 人チャレンジも OK）を組ませる。
②生徒は 15 のテーマの中からどれか 1 つを選び、ごく短い会話をひねり出す。

③生徒は先ず JTE の前で会話し、最後は必ず教師に質問を振るのがお約束。
　※会話が不自然な場合は指摘し、教卓の横で再検討させます。その間、次のグループのチェックに移りますが、再検討が終わるのを見計らって優先的に再チェックします
④質問に対する ALT からの反応を生徒と予想し、JTE はグループを ALT へと送り出す。
⑤ALT との会話が終わったグループは再び JTE の列に並び、次のテーマを決めて会話を練る。

評 価

　会話終了後、ALT は生徒がクリアしたマスにサインし、response と content の欄に＋、＋＋、＋＋＋の3段階で評価します。JTE は授業終了5分前には活動を閉じ、ゲットした＋の合計数をプリント右上の□□□□に記入させます。「アンコールワットへ行こう！」と同様、合計数の多い順に1位→**外国コイン**3枚、2位→**外国コイン**2枚、3位→**外国コイン**1枚を与えます。コインはイギリスの1ポンドやオーストラリアの2ドル（両方とも小振りだが、分厚くて机の上にラクラクと立つ）、タイの10バーツやフィリピンの10ペソ、カナダの2ドル（色の違う金属が2種類使われていて美しい）、オーストラリアの50セント（たぶん世界一でかい！）、香港の2ドル（形状が実にユニーク）などが人気です。

第4章　リーディング系

■■■ 本文音読練習

　教科書本文の読ませ方については首を傾げたくなるようなものも含めて実に数多くありますが、大事なのはそのやり方が教師自身にしっくりくるかどうかだと思います。あれもこれもではなく、自分との相性とか好みを優先して自らの音読パターンを作るべきでしょう。

手順

　①～⑩は1年生バージョンですが、1文の単語数が増える2、3年生では⑥と⑧は控え目にします。また、Section当たりの文章量もかなり増えますので、Section 4では「⑩ Section 1～4の各文をテープの後について一気読みでリピート」でなく、「⑩ Section 4のみの各文をテープの後について一気読みでリピート」へと縮小します。

Section 1 …………………………… → Section 4

Section 1	Section 4
①各文をセンス・グループ読みでリピート	①各文をセンス・グループ読みでリピート
②各文を一語読みでリピート	②各文を一語読みでリピート
③各文をセンス・グループでリピート	③各文をセンス・グループ読みでリピート
④各文を後戻り読みでリピート	④各文を後戻り読みでリピート
⑤各文をセンス・グループ読みでリピート	⑤各文をセンス・グループ読みでリピート
⑥各文を縦横に列読み（同列の生徒は同一文を読む）	⑥各文を縦横に列読み（同列の生徒は同一文を読む）
⑦各文をセンス・グループ読みでリピート	⑦各文をセンス・グループ読みでリピート
⑧各文を Read & Look-up	⑧各文を Read & Look-up
⑨各文を一気読みでリピート	⑨各文を一気読みでリピート
⑩ Section 1 をテープの後について一気読みでリピート	⑩ Section 1～4 をテープの後について一気読みでリピート

■■■ 本文音読チェック

　本文の音読チェックはいたってシンプル、読めるか読めないかだけです。詳しくは長文系「映像と長文で巡る世界の現場」でふれますが、thやr、l、v、fなどの音についてはことさら重要視してはいません。発音や言いまわしが優れている生徒には「ひょっとして外国帰り？」「発音、良すぎ！」「その発音、大事にしろよ」「目つぶってると、まるで英語の人！」などとコメントします。

手順＆評価

①本文を1ページずつチェックすることを告げ、1人勝負、2人組（2、3年では各ページの文章量が増えるので3人組も可）のいずれもOKと伝えて組を作らせる。
②分担を決めさせ、練習に入らせる。ほぼ同じ分量を読むのが条件。
③「準備できたら並べい！」で生徒は教卓の前に列を作り、チェックを受ける。

④読めたら、教科書の指定ページにすでに糊付けしてあるカボチャの上から**カボチャ**のゴム印を赤色で１つ押す。
　※言いよどんだり、忘れて発音できない場合、「修理しろ！」と告げて教卓の横で練習させます。練習している間、次のグループのチェックに移りますが、練習が終わるのを見計らって優先的に再チェックします。
⑤再び列に並び、次のページを練習する。
⑥音読チェックがすべて終了した生徒は、副教材のワークをコピーしたプリントに移る。このプリントも１ページが終わる毎に列に並び、チェックを受ける。
　※１年生の場合はレッスンが終わる度に本文の音読チェックをしますが、２、３年生の場合は違います。２週間とか１ヶ月経った頃、抜き打ちでチェックを入れます。

■■■Mines!! 音読チェック　　　　　　　　　　　　　　資料編 P.85

　英語が苦手な生徒もスピーキング系「Mines!!」が楽しめるようにと採り入れました。ここで使う英文は、スピーキング系「基本文口頭練習」でのものと半分はオーバーラップさせています。この練習で読み、「基本文口頭練習」で発表することで生徒は次第に英文に馴染んでいきます。この練習はスキマ時間を使いますので、きっちり５分とか練習時間を設定することはありません。その日の授業の進み具合に合わせ、１文ずつ教師が読み上げる後についてリピートしたり、読みづらそうな英文のみをリピートするだけで終わることもあります。

手順＆評価

　全体で声が出るようになってきたら、次は個人勝負です。どこか４文（A-②～B-①とかD-④～A-③など、連続した４文）を予め申告し、音読発表します。選んだ４文を咬まずに、立て板に水のように読み上げることができたら**カボチャ**です。ただし英語が苦手な生徒は読み易い４文ばかりを選ぼうとします。そこで、その読み易い４文を誰か１人が発表したら、「今の４文、使用禁止な」とします。「ブーブー」言いますが、「進化しろ」と発破をかけます。

第5章　ライティング系

■▋▍基本文口頭練習準備編 ・・・・・・・・・・・・・・・・・・・・・・・・・・・・・・・・・・ 資料編 P.86-88

　スピーキング系「基本文口頭練習」練習用シートのイラストそれぞれに適う基本文を出来るだけ多く言えるようにするには、言う練習を重ねる前に一度書かせておくのが早道です。

手順

　P.86のプリントの場合、(1)(13)の肯定文とそれぞれの疑問文と否定文を教師がお手本として黒板に書き、それを写させた後、「全員、左側攻めー！」の合図で肯定文のみを先ずは書かせていきます。この間、生徒は分からない単語を教師に聞くことができます。教師はその単語を黒板に書いてあげます。しかし、基本文は教えません。「分かりそうな子に聞いてみて」で通します。やがて、「肯定文、終わりました」の声が上がったら、「ただ今、この瞬間から、全員、右側攻めー！右側に疑問文を書いていって左側に追いついたら、左→右、左→右な」。全員が終わるのを待ちません。頃合いを見計らって、「はい、そこまで。回収！」で次の活動に移ったり、チャイムで授業終了となります。

評価

　完璧に書けていればSUPER! とかOUTSTANDING! などと赤マジックで大きく記入。文字や単語のミスについては赤のサインペンでアンダーライン、抜けている文字や単語についてはその位置をVで示します。

　※このプリントは2週間とか、1ヶ月間寝かせた後、ALTとの「CHECK & RECHECK 〜 WRITING & RECITING 編〜」の授業で初めて返却します。授業の最初、5分ほど時間を与えて訂正させますが、友だちから全面的に教えてもらうのもOK。プリント回収後、「CHECK & RECHECK 〜 WRITING & RECITING 編〜」の活動に入ります。

■▋▍CHECK & RECHECK 〜 WRITING & RECITING 編〜 ・・・・・・・・・ 資料編 P.89-92

　基本文の定着を図る活動で、遠藤英麿先生（神奈川・中）の実践がベースになっています。基本文の学習後にしばらく期間を空けて復習の機会を設け、定着を強化しようというものです。私の場合、ALTとのTTを利用しています。スピーキング系「アンコールワットへ行こう！」や「アジアの国を歩いてみよう」「ああ言えばこう！」と同様、こちらもALTとの分業制です。

手順

　「双六の下、横長四角を見て。その一番左に1って記入ね。全員、1だぞ。書いた？　で、その1が何かって言うと、はい、裏を見る。女の子とピアノな。これ、英語で何て言う？　そう、She played the piano. だよね。ただ、yesterdayってあるから、それも書かなっきゃダメ。これ、グループでやるけど、2人組が基本で、3人組までOK。1人勝負でもいいぞ。で、やり方だけど、例えば3人で組んだ場合、3人がちゃんと書けてて、書いた英文を3人とも空で言えたら合格な。

じゃあ、スタートするけど、グループ全員が1の英文だけ書いて、持ってくるんだぞ。OK? GO!」
① 生徒はALTかJTEの机の前に列を作って並ぶ。
② JTEは列を整理し、カンボジアの民族音楽とポップスで編集したBGMを流す。
③ ちゃんと書けていて空で言えたら、教師は英文右側の□にサインする。
　※グループの誰かがきちんと書けていなかったり、言えなかった場合、教卓の横で訂正・練習させます。その間、次のグループのチェックを行いますが、訂正・練習が終わるのを見計らって優先的に再チェックします。
④ サインの後、ALTは「答えの英文」の1の英文に関連して質問（Do you play the piano, too? とか Is she a good pianist? など）し、簡単な英会話に発展させる。一方、JTEは(1)の疑問文と否定文が言えるか（疑問文を書いている場合、肯定文と否定文が言えるか）チェックする。
⑤ 代表者が教師とジャンケンする。
　生徒の勝ち：双六を3つ進み、教師は4をチェック
　生徒の負け：1つ進み、2をチェック
　あいこ：2つ進み、3をチェック
⑥ どくろ（地雷）に止まったら、指定された番号のところに戻る。ただし、その番号をすでに終えている場合は一つ先の番号に進み、教師はその番号をチェックする。
⑦ 再び列に並び、チェックされた番号の絵に合う英文を書き、空で言えるようにする。

評価

授業終了5分前には活動を閉じ、ゲットしたサインの合計数をプリント右上の□に記入させます。ゴールした生徒にはご褒美としてNGO「カンボジア地雷撤去キャンペーン」の地雷シールを1枚与えます。

■■■ 基本文をものにしよう！　　　　　　　　　　　　　資料編 P.93

スピーキング系「基本文Q-A活動」と「基本文ペア活動」を通して4月から練習を重ね、おおむね立て板に水となっている基本文をwritingにオーバーラップさせます。1、2年生は冬休み明けから、3年生は11月末から授業のスキマ時間に行い、一層の定着率UPを図ろうというわけです。

手順

「基本文ペア活動」で使っている「AK47〜質問ビシバシ編〜」のプリントを配布し、「じゃあ、今日は1〜10から3つな」とか、「今日は楽勝、11〜15の中から3つだぞ」などとハードルの高さを変えて出題範囲をあらかじめ指定します。単語のスペリングを確認する時間を少しとった後にプリントは回収し、再生用プリントを配ります。「なぜユダヤ人が殺されたのか知ってる？」「『わが輩は猫である』って、読んだことある？」「たくさんお金があったら、何がしたい？」と side B から、あるいは side C からも出題し、英文を再生させます。最後に再生用シートを回収・採点し、次時に返却します。

評価

完璧に書けていれば **A**°／単語1つミスなら **A**／2、3個なら **B**／4個なら **C**°／5個以上なら

Cとしています。

第6章　リスニング系

■■■ 歌の聞き取り練習Ⅰ型 ………………………………… 資料編 P.94

　Smokey Mountain による *She Has Gone* と出会い、歌の聞き取りを通して生徒の目を広く世界に向けさせることができたらと考えました。この歌はフィリピン貧困層の過酷な現実——仕事の斡旋人に連れられて村を離れ、憧れの都会に向かった娘たちはジャック・ストーンなどの遊びに夢中になるような10歳から15歳までの少女だった。ぼくの姉もその中にいた。都会に着いた日の歓待から一夜が明けた翌日、娘たちを待っていたのは売春宿での暮らしだった。けなげに綴られたハガキが何枚かとわずかばかりの現金が送られてきた以外、家族への連絡は一切ない。1年かそこらが過ぎ、娘たちの一人が村にもどってくる。彼女の話で、姉の置かれている境遇とエイズを発症したらしいことをぼくは初めて知る——を直截に描いていて、フィリピンでの英語の歌のこうしたあり方は一種の衝撃でした。以来、思考のふり巾を広げることが期待できそうな歌を採り上げてきました。

- Smokey Mountain, *She Has Gone*（人身売買、児童買春）
- Smokey Mountain, *Mama*（海外出稼ぎ労働と家庭崩壊）
- Smokey Mountain, *What's Wrong with Dat?*（拡がる貧富の差）
- Dick Lee, *You Don't Know Me at All*（日本軍政下シンガポール）
- Peter, Paul and Mary, *Blowin' in the Wind*（終わりの見えない戦争）
- Peter, Paul and Mary, *Where Have All the Flowers Gone*（くり返される戦争）
- Peter, Paul and Mary, *Cruel War*（戦争に引き裂かれる愛）
- Anne Hills, *I Come and Stand at Every Door*（原爆と子ども）
- 朴保, *Hiroshima*（原爆の惨状）
- Anja Light, *Global Warming Song*（地球温暖化への警鐘）
- Youssou N'dour, *My Hope Is in You*（子ども兵士の社会復帰）
- Simon & Garfunkel, *Last Night I Had the Strangest Dream*（戦争終結の喜び）
- Paul Hardcastle, *Nineteen*（ベトナム派遣米兵の PTSD）
- Phil Collins, *Another Day in Paradise*（ホームレス・ピープル）
- 坂本龍一, *Zero Landmine -Short Version-*（カンボジア残留地雷被害）

手順＆評価

　（授業開始前にプリントの5～8の歌詞部分を黒板に大書きしておき、）「今日は *She Has Gone* の5～8にトライします。1～8まで3回連続して流すから耳澄ませよな（28～31などを聞き取る場合、その少し前からテープをスタートさせ、時間短縮を図る）」♪♪♪「さて5～8、どんな単語があった？」「きたー！山本さん」「スィスター」「OK、ポイントー（と言いながら**カボチャの芽**をパス・アラウンドし、黒板にスィスターと片仮名で書くが、その語の位置は特定しない）！」「では、他に？　えっ、もういないの？　じゃあ、もう1回テープかけるけど、右側の日本

語訳もヒントにするんだぞ」♪♪♪「さあ、どうだ？」「おっとー、数が多過ぎ！　指名しまーす。西出くん」「あっ、だめ？」「じゃあ、次、岸田くんは？」「ガール？」「うーん、あと一歩と言われたら？」「ガールズ？」「正解！（と言いながら**カボチャの芽**をパス・アラウンドし、黒板にガールズと片仮名で書く）！」≪以上をくり返しながら、分からない単語が残り1個になったところで≫「じゃあ、勝負な（と言いつつ、最前列の生徒の机にプリントを置いていく。まだ配らせない）。1～8まで5回連続で聞かせるから、5回目が終わるまでに黒板の片仮名をヒントにして単語再生よろしくー。じゃあ、配ってGO!」

　5回連続で聞かせた後、挙手か指名で生徒に5～8の単語を答えさせます。言えたら**カボチャの芽**です。間違えやすい語についてはスペリングも問い、正答できればこれも**カボチャの芽**。答え合わせ終了後、プリントは回収し、次回まで教師が保管します。なお、時間が押している場合は答え合わせはせず、プリント回収後に教師が答えの単語を板書するに止めます。回収したプリントは教師がチェックし、次の聞き取り練習の際に生徒は結果を知ることになります。スペリングが正しければ〇、少し間違えていても、発音したときに音が近ければ△、まるでダメなら✕としています。

She Has Gone by Smokey Mountain

1　In (our) (village) far away　　　ぼくたちの村まではるばると
2　An enchantress (came) one day　　ある日、派手に着飾った女がやってきて
3　Spinning bright and magical tales　　遠く離れた都会の、まばゆいだけで
4　Of a (city) far away　　　　　　　ありもしない話をまき散らした

5　Like my (　　) it would seem　　　ぼくの姉と同じで、村の娘たちは皆、
6　All the village (　　) have dreams　都会への憧れを抱くものらしい
7　"(　　) please", she would plead　「父さん、お願い。私の夢を叶えさせて」
8　"Let (　　) realize my dreams"　　姉は、そう乞うのだった

9　(　　) village girls next day　　　村の娘たち＊＊＊人が翌日、
10　With their (　　) bags they came　小さなバッグを手に集まってきた

■■■歌の聞き取り練習 II 型 ……………………………… 資料編 P.95

　既習文法事項の記憶を新たにするための練習です。歌詞に出てくる特定の文法事項に焦点を絞り、その部分だけを聞き取ります。チョー困難校で人気が高かった活動です。もう10年以上になりますが、ある2年生女子との今でも覚えている会話があります。「イズミー、聞き取りでブリトニーやってよ」。「ブリトニー？　誰、それ？」「知らないの？　あたしが好きな歌手」。「ダメ。お前だけ得じゃん」。「けーち！」

　学校に来てはいても授業にはほとんど出席しない生徒でした。英語の授業にはたいてい顔を出しましたが、歌の聞き取り練習のときだけでした。挙手して答えていました。聞き取りが終わると即座に教室を出ていきました。

手順＆評価

（授業開始前にプリントの1～3の歌詞部分を黒板に大書きしておき、）「では、最初から最後ま

で3回連続して流すから耳澄ませよな」♪♪♪「さて、どんな単語があった？」「きたー！山川さん」「ザ・レイン」「OK、あるよー。ポイント、ゲットー！だけどー、ザとレイン、単語2つ言うなよな。1つだけね（と言いながら**カボチャの芽**をパス・アラウンドし、黒板に片仮名でザとレインを書く。ただし、その語の位置は特定しない）」「では、他？ えっ、もういないの…？ じゃあ、もう1回テープかけるけど、下に書いてある日本語訳もヒントにするんだぞ」♪♪♪「さあ、どうだ？」「おっとー、数が多過ぎ！指名しまーす。宮島くん」「あっ、だめ？」「じゃあ、次、飯泉くんは？」「スィー？」「うん？ スィー？」「うん、スィー」「チョー惜しい！」「Anybody？ はいー、多過ぎて分かんなーい。指名！東川さーん」「スィーン」「だよねー。ポイントー（と言いながら**カボチャの芽**をパス・アラウンドし、黒板にスィーンと片仮名で書く）！」≪以上をくり返しながら、分からない単語が残り2、3個になったところで≫「じゃあ、勝負な（と言いつつ、最前列の生徒の机にプリントを列の人数分置いていくが、まだ配らせない）。5回連続でかけるから、5回目が終わるまでに黒板の片仮名をヒントにして正しい単語を選んで記入よろしくー。じゃあ、配ってGO！」

　活動終了後、プリントを回収してから答えの単語を板書します。回収したプリントは教師がチェック・採点し、次時に返却します。

■■■モジュール式ディクテーション　　資料編 P.96-97

1．はじめに

　広島市ではここ数年、市内全中学校が「ひろしま型カリキュラム」と呼ばれる市の方策を受け、「中学校全学年、英語の授業の中に1回当たり10分程度のモジュール的な繰り返し学習を行う時間を設定する」という指導が行われています。何校か、その年間指導計画を覗いてみましょう。

- 繰り返し学習教材を使い、週に3回程度授業開始時にドリルを行う…亀山中
- モジュール学習による反復練習で総合的な英語力を養う…五日市南中
- 各英語の授業の中で、「ひろしま型カリキュラム」による10分程度の既習事項復習を取り入れます…白木中
- 今年度はひろしま型カリキュラムの実践研究校の指定を受け、各授業の中で10分程度の既習事項の反復練習を行います…安佐中
- 毎時間、授業の始めに10分間既習文法の復習を行い、基礎基本の定着を図る…井口中
- モジュールの時間を使って、繰り返し学習により文法を身につける…観音中

2．現場では

- 『モジュール式 英語の基礎』の本は、市内の全中学校に昨年度英語教員人数＋α冊分配布されました。また、広島市内では毎時間授業の最初に帯時間でやるテキストが全学校全生徒に配布されています。山田先生が最初に関わっていると聞きました。モジュールの考え方を使われています。ただ、内容はと言うと、大変味気ないものです。
- 山田先生の本は教員用に参考のものとして配布されました。おそらく、広島市で300冊位は配布しているはずです。生徒に配布しているのは、山田先生のモジュールの概念をもとに広島の中学校の教員が編集した繰り返し学習のもので、毎授業10分でやることになっています。私も何度かやってみましたが、継続できていません。一つには、強制的に上から降りて

きたことに対する不満があったのかもしれません。

3．モジュール式ディクテーション

否定的な意見もある「モジュール的な繰り返し学習」ですが、小学校への英語導入には必ずしも賛成ではない広島修道大学・山田雄一郎教授が中学生用に開発した教材と知り、私自身は興味を持ちました。

> 50分かけてやっていた教科書中心の授業を手際よく40分くらいですませる。そうして確保した10分では、ドリル型の教材を用いる。それだけでも中学の3年間でかなりの英語力を育てることができるようなすぐれた教材を用意するつもりです。この方法だと、新しい教授法で新しいことをやれというわけではありませんから、どんな先生でも対応できるのではないでしょうか。　　　　　　　　　　　　　　『「英語が使える日本人」は育つのか？』（岩波書店）

続いて、広島市の中学校英語教員に配られたという山田教授の『モジュール式 英語の基礎』（金星堂）を読み、既習文法事項の復習に最適だと思いました。以下は、モジュール式ディクテーションを TOTAL 3 の *Reading 1 Energy and the Environment* の指導に組み入れたものです。ここでは、Lesson 2、3で学習した完了・継続・経験にオーバーラップさせています。

＊P 訳…「POINT 訳」の意

第1時	基	基	新出語	速写50発〜ビンゴ編〜	モジュール式ディクテーション	英
第2時	本	本	基本文口頭練習（完了）	本文音読・*P 訳①	モジュール式ディクテーション	鍛
第3時	文	文	基本文口頭練習（継続）	本文音読・P 訳②	モジュール式ディクテーション	語
第4時	Q	ペ	基本文口頭練習（経験）	本文音読・P 訳③	モジュール式ディクテーション	マ
第5時	本文音読・P 訳④		ドリル（完了・継続・経験）		本文通読→話し合い→〜本文理解編〜	

4．手順＆評価

①未習語はあらかじめ発音させ、意味を確認する。
②テープを通しで連続2回聴かせ、答え（分からない単語は勘で）を記入させる。
③簡単なものは教師が答えを板書するが、それ以外については答えさせる。言えたら**カボチャの芽**。書き間違えやすい語についてはスペリングも問い、正答なら**カボチャの芽**。

5．おわりに

・従来からのプリントによる復習に「変化あるくり返し」感覚でオーバーラップすることができ、大変重宝です。
・習ったことを忘れかけた頃に復習することで、定着率 UP が期待できます。
・ディクテーションをやっている間、生徒はクール・ダウンしますから教員はラクチンです。
・「毎時間」「授業の最初に」「10分程度」など、広島市でのトップダウンのやり方については疑問です。

第7章　本文などやっつける系

■■■ CHECK & RECHECK ～本文理解編～ ……………………… 資料編 P.98

　教科書本文の意味を確認するという作業は学年が上がるに連れて厄介になります。生徒と問答しながら内容をスキャンし、概要をつかませるという方法が通用するのも精々2年生の半ばくらいまででしょうか。文章量が増え、内容も圧倒的に難しくなるからです。日本語訳に割く時間が長くなれば授業はダレ、生徒のおしゃべりがあちこちで始まってしまいます。虫食いにした訳文プリントを使い、訳出する時間を短縮するという手もありますが、やはり丸ごとの英文と向き合う経験は欠かせません。

　私の場合、1年生の教科書本文は全文を訳させ、2、3年生ではポイント訳と称して新出文法事項やふり返らせたい既習文法事項などを含む英文をセクション毎に3、4文訳出させるに止めています。板書した3、4文をスラッシュでセンス・グループ毎に区切り、センス・グループ毎に訳させます。どの文のどのセンス・グループを訳すかは生徒の選択に任せています。「2行目の右はし」「3行目の2つ目」などと、生徒は自分が分かる部分を指定して訳します。そこで、本文の半分以上を訳出しないことへの対応策がこの「CHECK & RECHECK ～本文理解編～」によるテストということになります。このテストでは訳出していない部分についても問いを設定します。つまり、本文をそのまま緩やかに長文問題化するわけです。

手順
　事前に時間を与え、友だちと情報交換することもOKとしています。テスト時間は15分で、教科書やノートを開いても構いません。

評価
　終了後、回収・採点し、次時に返却します。

■■■ 読解マシーン ～10段変速サクサク編～ ……………… 資料編 P.99-100

　この練習活動は和田 玲先生（東京・高）による実践発表の追っかけから生まれました。活動の終盤、retellingにつないでいるのが特徴です。教科書本文は通常、リーディング系「本文音読練習」と「本文音読チェック」、そして「CHECK & RECHECK ～本文理解編～」で対応しますが、物語性が比較的高い題材が扱われている場合にこの活動を採ります。一回の授業で完結する活動ですので、retellingが暗唱まがいの代物と化すことはありません。

手順
①あれこれ英単語句…各単語をそれぞれ2回ずつリピートの後、意味を確認して空欄に記入させる。続いて発音練習を手早くすませる。「プリントの表、見ろー。先生が1って言ったら、man。4って言ったら、old woman だぞ。行くぞー、6！」「hungry！」…。「次、先生が妻って言ったら、wife な。与えるって言ったら？」「give！」「OK。じゃあ、行くよ。おばあさん！」

第7章　本文などやっつける系

「old woman!」「喉が渇いている、男！」「thirsty、man！」…。

②本文内容ズバリ予想…教科書の32ページを開かせ、「それでは、教科書のイラストと今練習した単語をヒントにして、このページの内容をズバリ予想してみよう」。予想が8割方的を射ていれば**カボチャの芽**を与える。予想が不十分な部分については、「いい予想だったんだけど、2つほど落としてるんだよね。分かる人？」と挙手を誘い、正解できたら**カボチャの芽**。なお、挙手がなければ「えっ、いないの？ 本当にいないの？」と連呼しながら構わずStage 3に進む。

③ピンポイント・リスニング…あらかじめ質問文3つの意味を挙手か指名で答えさせ、正解なら**カボチャの芽**。教科書32ページの読みをカセット・デッキで2回連続して流し、挙手か指名で質問文3つの答えを言わせる。正しければ**カボチャの芽**。なお、答は英語でも日本語でもOK。Q. 1、2が分からなくて、Q. 3を答えても良い。

④中心テーマ簡単メモ…「どうだろう？ だいたい内容が分かってきてるんじゃないかな。では、このページのテーマを簡単に書いてみよう。10秒な」。

⑤黙って読み…「じゃあ、このページ、黙って読みー。読み終わった人は、何が書いてあるか考えといて。Go!」

⑥声出し読み…先ずは一切練習なしで個人で読む。読みながら不確かな単語をチェックし、読むことのできた語数を記入する。続いて教師の音読をリピート（センス・グループ読み→一語読み→センス・グループ読み→後戻り読み→一気読み）する。最後にペアで読み合い、読めた語数を記入する。

⑦重要表現 チェック＆リチェック…基本文を2回リピートの後、意味を確認する。正解なら**カボチャの芽**。次にペアになり、10秒以内に基本文を何回言えるかお互いにチェックする。最後の速写では 20 25 30 35 …55 60 と教師は黒板に書き、「Ready? Go!」の合図で速写をスタートさせる。教師は20秒が過ぎたら20を、25秒が過ぎたら25をという具合に順次消していく。4文を書き上げた生徒はすぐに顔を上げ、黒板の一番左に残っている数字を記録する。「じゃあ、聞くから手を挙げろー。60秒以上？ いなーい。60秒？ いなーい。…25？ えっ、3人も！」

⑧あらすじピクチャー…適当な場面を3つ切り取って線画で描き、それぞれにタイトルをつける。

⑨あらすじ再生 〜日本語編〜…教科書を閉じ、日本語であらすじを書く。

⑩あらすじ再生 〜英語編〜…教師はあらすじに沿って英語で質問し、生徒は挙手か指名で英語で答える。正解は**カボチャ**。最後に生徒を数名募り、英語でretellingさせる。ただしワークシートの下1／3を折って⑨を隠し、⑧のみをヒントにするのが条件。そこそこ言えていれば**外国コイン**を1枚。文句のつけようがないなら2枚。

※コインはイギリスの1ポンドやオーストラリアの2ドル、タイの10バーツやフィリピンの10ペソ、カナダの2ドル、オーストラリアの50セント、香港の2ドルなどです。

評価

プリントは回収・採点し、次時に返却します。「重要表現 チェック＆リチェック」の4文、「あらすじピクチャー」3つ、「あらすじ再生 〜日本語編〜」をそれぞれ4点、3点、3点とする計10点満点です。

■■■ 定型もの対応マニュアルⅠ型 ……………………………… 資料編 P.101-102

　レッスンとレッスンの合間に顔を出すショッピングや道案内、電話、ファスト・フード店などでの会話ですが、これはと言える文法事項が含まれていない限り、ごくあっさりと扱っています。

手順

①授業開始前、あらかじめ新出語を黒板に書いておく。
②発音練習をした後に新出語の意味を知らせ、教科書の新出語の近くに記入させる。
③会話を2回音読(センス・グループ読み→一気読み)した後にプリント①を配り、全文を訳させる。
④生徒の進み具合を見計らって答え合わせに入り、正解なら**カボチャの芽**を与える。
⑤プリント②を配布し、2人組バージョンと3人組バージョンをそれぞれ1回音読する。
⑥一人二役・2人組・3人組のいずれも OK と伝えて組を作らせ、役割練習に入らせる。この間、黒板に「1．読みチェック　2．暗唱チェック　3．パフォーマンス・チェック（改作OK)」とチョークで大書きする。
⑦「じゃあ、先ず読みチェックな。準備できたら並べい！」で生徒は教卓の前に列を作り、チェックを受ける。

評価

・読みチェック OK →教科書の指定ページにすでに糊付けしてあるカボチャの上から**カボチャ**のゴム印を赤色で1つ押します。・暗唱チェック OK →**カボチャ**のゴム印を赤色で2つ。・パフォーマンス・チェック OK →**外国コイン** 1枚。
　※ジェスチャーや顔の表情、小道具の利用なども含め、特にすばらしい演示についてはコイン2枚を与えています。コインはイギリスの1ポンドやオーストラリアの2ドル、タイの10バーツやフィリピンの10ペソ、カナダの2ドル、オーストラリアの50セント、香港の2ドルなどです。

■■■ 定型もの対応マニュアルⅡ型 ……………………………… 資料編 P.103

　レッスンとレッスンの合間に顔を出す日記文や自己紹介文、手紙の書き方など、会話文でないものの場合もこれはと言える文法事項が含まれていない限り、あっさりと扱っています。

手順＆評価

①授業開始前、あらかじめ新出語を黒板に書いておく。
②発音練習をした後に新出語の意味を知らせ、教科書の新出語の近くにその意味を記入させる。
③会話を2回音読(センス・グループ読み→一気読み)した後にプリント③を配り、全文を訳させる。
④生徒の進み具合を見計らって答え合わせに入り、正解なら**カボチャの芽**。
⑤リスニング系「モジュール式ディクテーション」を通して既習文法事項を復習する。
　※これはと言える文法事項が含まれている場合はスピーキング系「基本文ペア活動」で使う「AK47 ～質問ビシバシ編～」プリントにあらかじめ組み入れておき、年間ベースの帯学習で対応します。

第8章　長文系

■■■ 映像と長文で巡る世界の現場 ・・・・・・・・・・・・・・・・・・・・・・・・ 資料編 P.104-112

1．はじめに

　長く心に掛かっていることがひとつ。それは生徒たちに世界の現実を覗かせ，そこに自分自身を遠く重ね描かせるといったマクロな視点からの学習活動がこれまで思うに任せず，十分ではなかったということです。英語をやってやろうと勇んで県立外語短大付属高（現・横浜国際）に進んだ生徒から「関心が歴史に移った」との便りが届き，その思いを一層強くしました。習い覚えた英語が将来，世のため人のためにどんなステージで役立つのか，南北格差・貧困・人権・教育・環境・紛争など，困難な課題と向き合うNGOの活動が思い浮かびますが，英語の教室から世界の現実へと道をつけるのは容易ではありません。アフガニスタンやイラクなど，報道の波に乗ることで辛うじて手の届く題材も，メディアの関心が他所に移り，話題性が失われるとともに教室を離れていくのが常だからです。ノーベル平和賞に輝いたあのマララ・ユスフザイさんでさえ、教科書に採り上げられない限りは例外ではないでしょう。

> こんちは，某先生。元気してますか？
> 実は，年末に大学に合格しまして，その連絡をしたくて手紙を書きました。
> 立，その大学はと言うと，上智大学で，学部は文学部の史学科です。
> ユリウス・カエサル（シーザー）中心に古代ローマを研究しようと思ってます。もちろん，英語も続けますが笑

2．2つの実践を糸口にして

　ペーパーバックに親しむようになって数年，その経験から萩原一郎先生（神奈川・高）による「多読テキスト」の実践と緒方智子先生（長崎・大）による「Friedrich—『あのころはフリードリヒがいた』から」の実践が糸口になり，映像によるスキーマ拡大の後に初見の長文に挑ませるという学習活動を思い立ちました。

　この活動（第8時）は教科書本文理解のためのそれまでの進め方（第3〜6時…日本語訳は全体の半分弱に抑え，しかし本文などやっつける系「CHECK & RECHECK〜本文理解編〜」では訳出していない部分についても問いを設定する）とのつながりも良く，生徒たちにとっては思考と感性が揺さぶられる何よりの挑戦となるとともに，4技能の中では一番のベースと思われる読む力の鍛練にも有効です。

3学年授業の標準的な流れ　　*P訳…「POINT訳」の意

第1時	基	基	新出語	速写50発〜ビンゴ編〜	文法事項の前さばき	基本文口頭練習	
第2時	本	本	文法事項の前さばき	基本文口頭練習	基本文口頭練習準備編		英
第3時	文	文	文法事項の前さばき	基本文口頭練習	本文音読・*P訳①	ドリル（易）	鍛
第4時	Q	ぺ	文法事項の前さばき	基本文口頭練習	本文音読・P訳②	ドリル（易）	語
第5時	A	ア	文法事項の前さばき	基本文口頭練習	本文音読・P訳③	ドリル（易）	マ
第6時	活	活	本文音読・P訳④	ドリル（難）	本文通読 → 話し合い → 〜本文理解編〜		
第7時	動	動	モジュール式ディクテーション				シ
第8時	長文に関連する映像の視聴		長文通読 → 話し合い → 〜怒涛の質問編〜				
第X時	warm-up		CHECK & RECHECK 〜 WRITING & RECITING 編〜（ALTとTT）				
第X時	warm-up		アンコールワットへ行こう！〜SPEAKING編〜（ALTとTT）				
第X時	warm-up		アジアの国を歩いてみよう 〜SPEAKING編〜（ALTとTT）				
第X時	warm-up		ああ言えばこう！（ALTとTT）				

3．映像と長文で巡る世界の現場

a．第8時の手順

①長文に関連する映像を視聴し，おおよその背景を知る。（適当な場面を20分ほど）
②長文を通読する。
③「ああだ，こうだ」と話し合い，初めて目にする英文をたぐり寄せる。　　（10分ほど）
④長文についての設問に向き合う。教科書・ノートの使用可。（15分）

b．第8時のスタンス

・長文の背景を知らせる映像の中にはベトナムの枯葉剤ダイオキシン禍やチェルノブイリ原発事故による被爆実態を映すドキュメンタリーなど，問題の実相をえぐるかなり凄惨なものもありますが，構わずやっています。石川文洋さんに倣うなら，「凄惨だからと視聴を見合わせてしまうようでは，その凄惨な場に居合わせた人間は大人も子どもも浮かばれません。彼らは言わ

ば，衝撃映像と化すことで事の重大さを伝えているのです」から，同じ人間の身に起きたことであるとして生徒にも衝撃の一端は受け止めさせたいものです。

- 『ウミガメのふるさとはわたしたちのふるさと』サンクチュアリ NPO
- 映画『ソルジャー・ブルー』
- 映画『クジラの島の少女』
- 『600万個の地雷に挑む男』世界バリバリ★バリュー
- 『夢 その先にみえるもの』ギニア井戸掘りプロジェクト全記録
- アニメ『ごんぎつね』ポニーキャニオン
- 『アフガニスタン 命の水を求めて』NHK 総合
- 『マザー・テレサとその世界』女子パウロ会
- 『忘れられた子供たち【スカベンジャー】』オフィス・フォー
- 『その時、歴史が動いた I Have a Dream 〜キング牧師のアメリカ市民革命〜』NHK 総合
- 『働く子どもたち —ブラジルの児童労働—』アジア太平洋資料センター
- 『戦場を行く3 〜闘う少年兵士たち〜』紀伊國屋書店
- 映画『パールハーバー』&『世紀のドキュメント 太平洋戦争〔前編〕』リヒテンシュタイン
- 『教えられなかった戦争—侵略・マレー半島』映像文化協会
- 『サダコ 〜ヒロシマの少女と 20 世紀〜』NHK 総合
- 映画『ルワンダの涙』
- 『歪められた遺伝子 枯れ葉剤被害児童の記録』国際友好文化センター
- 映画『チェルノブイリ・ハート』&『視点論点 チェルノブイリとヒロシマ』(Nataliya Gudziy) NHK 総合
- 『RAWA—アフガン女性の闇に光を』office3way
- 『マララさん銃撃事件の波紋』the Focus &「マララさん・国連スピーチ」（未実践）
- 『ありえん∞世界 リトアニア（6000人の命を救った日本人）』テレビ東京（未実践）
- 映画 Miracle of Midnight Walt Diseney Video（未実践）…1943 年 10 月，デンマークに居住する 8000 人近いユダヤ人のほぼ全員をナチのユダヤ人狩りからデンマーク人が救った奇跡を描いている。

- 長文を読ませるにあたっては理解度チェックのための設問を後詰めとして置くこと以外，音読はもとより内容理解を促進するための指導もしていません。多読の経験を通しての「読む力には旅をさせろ」という確信からです。精々，上記 a の②, ③で生徒からの質問の相手をする（「そうです」「近ーい」「ちがう」などと，あくまでも端的に）程度です。

- Post-Reading 活動は行わず，読ませっぱなしです。上っ面をなぞるに等しい retelling などではなく，その要旨をこそ改めて胸に落とし込もうとする格好の活動例がないのです。現在，感想や意見を書かせるという方法を採っていますが，書くことを強いてはいません。得てしてお座なりで，ややもすると授業者におもねるものになってしまうからです。映像や長文の記憶が残り，それがコミュニケーションのふり巾を広げる糧になればと考えています。

4．おわりに

> 日本の英語教育で育った日本の若者たち，他の国の若者たちとまともな会話は決してできないにちがいない。発音とか言いまわしの問題ではない。今日，ちょっとまともにしゃべれば（つまり，「日本についてどう思いますか」，「いい国です。みんなゆたかで幸福で」というようなラチもないおしゃべりでなかったなら，という意味だ），たちどころに「抑圧」「差別」「搾取」「解放」「革命」「帝国主義」「社会主義」というようなことばが出現して来るのにことは決まっている。「抑圧」を憤るにしろ，あるいは，その事実をなんのかんのと言い逃れようとするにしろ，そういうことばは口から出て来ることだろう。前者が「第三世界」の若者が言うことばで後者が「先進国」の若者が口に出すことばだとしてみてもよい。どちらにせよ，この世界にはこうしたことばと，ことばが言い表そうとする現実が存在しているのだが，およそそんなふうな世界のありようとまったくかかわりあいのないかたちで日本の若者たちは生きてもいれば，彼らの学ぶ英語の教科書もつくられて来ているようだ。　　　　　（小田，1989）

　小田実の代表作『何でも見てやろう』に触発されてこの方，シンガポールやマレーシア，カンボジア，タイ，ラオス，ベトナム，とりわけフィリピンで「そんなふうな世界のありよう」を目の当たりにしてきました。この間，英語教育はAETの導入を機に，小田の言う「ラチもないおしゃべり」へと大きく舵を切り，「そんなふうな世界のありよう」についてはトンと関心のない技能主義的な授業が今や広く幅を利かせています。英語授業研究学会や達人セミナー，ELEC同友会など，スキル習得を強く指向する研究団体の練達の授業技術には注目してきましたが，しかし生徒たちの目を「そんなふうな世界のありよう」に向けさせようとする技となると実践例は案の定ごく稀で，意に適うものは見当たりません。時流の授業技術に頼まず，単に映像と長文問題を統合したに過ぎないかたちを採るにいたった所以です。この学習活動，授業者は試験監督のようなものですから，いわゆる指導力や経験などの有無は問いません。

　映像と長文が伝える「そんなふうな世界のありよう」に心が動き，「社会を良くする活動も必要なんじゃないかな？」「自分も何かできるかな？」「何ができるだろう？」などと，酷薄な現実を生きる人々に関心を寄せるコミュニケーション能力であってほしいと願っています。

【参考書籍】小田実『小田実の英語50歩100歩―「自まえの英語」をどうつくるか』河合文化
　　　　　教育研究所 1989年
　　　　　Howard Zinn *A People's History of the United States* Harper Perennial 1980年
　　　　　　A Young People's History of the United States Seven Stories Press 2007年

5．補遺

　わが子の視野を「そんなふうな世界のありよう」にまで広げようと行動を起こすことのできる家庭は限られています。しかし漠然とではあっても，世界を広く見渡すことのできる人間であってほしいと願う親は少なくないでしょう。英語教員も後れは取るまいと，「ラチもないおしゃべり」にうつつを抜かす他ないコミュニケーション活動はほどほどにして時間を浮かせ，ひとつ生徒自身がこの世界にどう関わっていくかという意識を持つきっかけになるような道を「そんなふうな世界のありよう」とのタフな出会いに探ってみてはどうでしょう。

[国語科 2008 年度 夏休み課題弁論（S中・2年生）]

　今年の夏休みも本当に暑かったですね。家ではクーラーや冷蔵庫が大活躍でしたか。私たちは電気などのライフラインや食べ物に助けられて、今の生活を送っていますが、もし明日から、このライフラインが全て途絶え、食べ物も全て姿を消してしまったら、あなたはどうしますか。

　私は夏休みに、南アフリカにあるソウェトという、アフリカ大陸で一番大きいスラム街に行きました。スラム街は治安が悪く危険であるため、ガイドと一緒に車で訪れました。途中で車から降りて、一軒の家を見させてもらいました。

　初めて降りた時の印象は、"こんな所に人が本当に住んでいるの？"ということでした。スラム街の家は、日本のようにきれいな色の家とは全く違ったからです。屋根も壁もトタン板と角材を簡単に組み立てただけの造りで、ドアもなく、見た目が物置き小屋のようなものでした。それだけではありません。家には電気・ガス・水道といったライフラインが一つも来ていませんでした。電気とガスが一切ないので真夏の暑い日にクーラーを付けることなどできません。水はありますが、街に一つしかない蛇口に汲みに行くので、もちろん家にトイレはなく、共同トイレからはハエがたくさんわいていました。

　家にはベッドが一つ、小さな鍋と窓しかありませんでした。ベッドも長く使い古されているボロボロのシングルベッドで、そのベッドと床に四人寝ていると聞いて驚きました。家はたたみ三畳分ほどの広さしかなく、床もぎしぎしと軋んだ音がしていました。また、屋根がしっかりしていないため、雨漏りすることもあるそうです。

　私は、スラム内の幼稚園で、小さな子供が

第 9 章　文法系

■■■ 文法事項の前さばき……………………………………………………… 資料編 P.113-114

　スーパーな学校で新しい文法事項をオーラル・イントロダクションもどきで導入したところ、「あぁ、そういうこと。なら早く言ってよ」と噛みつかれました。以来、単刀直入を旨としています。単刀直入ですから will と be going to、must と have/has to などの違いにふれることはなく、中学卒業後の学習に委ねています。

　『佐久間のキャンロップ』のメロディーで「is am is am are いる ある です いる ある です」と歌ったり、人称代名詞を『森のクマさん』か『聖者の行進』のメロディーで歌ったり、CM『燃焼系アミノ式』のメロディーで「現在進行形の歌」を歌ったりと歌バージョンもいくつかありますが、多くは七五調で唱えて発表します。英語が苦手な生徒も何とかポイントできるようにと導入しました。歌い間違えたり、咬んだとき、笑いが教室に弾けます。スピーキング系「基本文口頭練習」に入る直前、3、4分の活動です。

手　順

　歌は 10 秒以内で歌うことができたら合格です。短歌バージョンは立板に水でなくてはなりません。挙手が基本ですが、指名も交えます。生徒が言おうとした瞬間、「あっ、気が変わった。経験じゃなくって、完了でよろしく」とか、「やっぱ、受け身がいいな」などとフェイントをかけたりもします。

評　価

　ノーミスなら**カボチャの芽**です。

■■■ 関係代名詞を攻める ……………………………………………………… 資料編 P.115

　文法事項についてはスピーキング系「基本文口頭練習」やライティング系の「基本文口頭練習準備編」と「CHECK & RECHECK 〜 WRITING & RECITING 編〜」、リスニング系「モジュール式ディクテーション」、そして副教材のワークをコピーしたプリントなどを通して理解を深めるようにしていますが、関係代名詞となるとなかなか手に負えません。そこで「基本文口頭練習」と「基本文口頭練習準備編」を通して関係代名詞節（受け身や完了、継続、経験など、既習文法事項もオーバーラップさせます）に馴染んだところで、関係代名詞節に注目した語順整除ドリルをくり返すという方法を特別に採っています。

手　順

　プリント配布後、生徒の進み具合を見計らって「左2、右4、両2」と板書します。つまり、関係代名詞節の左側と右側、そして両側に単語が並ぶ英文それぞれの数を知らせるわけです。この情報で答えを再考することになる生徒があちこちに現れ、教室は「何で？ 何で？」となります。このとき、近くの友だちから説明を受けるのは OK です。また、「左側2、右側3、両側3」と敢

えて誤情報を流し、教室中を「えっ？ えっ？」状態にすることもあります。解答の際にも節を意識させる意味で、「1番、どっち側？」と問い、「右側」「だよね。で、答えの英文は？」「The boy that is studying math has a lot of homework to do.」「いいっすね。the boy の the、大文字な」といった感じです。なお、the boy who has lived in Hokkaido since 1997 や the Jewish people that were killed by the Nazis などの節は、「基本文口頭練習」でのものとオーバーラップさせています。

評価

合格できたら**カボチャの芽** 1 枚ゲットです。

※現在分詞と過去分詞による後置修飾表現についても同じ手法で対処します。

第10章　定期試験問題

■■■3学年前期中間テスト　　　　　　　　　　　　　　　　　資料編 P.116-119

　聞き取りテストとは違い、筆記問題の場合は試験の度に問題パターンを変えるということはしません。毎回同じパターンを踏襲しています。生徒もその方が取り組みやすいだろうということもありますが、同じパターンの方が作問に時間を取られないからです。

1　【関心・意欲】日本文に合うように、（　　　）に適する語を書きなさい…「前期 中間テスト 単語50選」を試験の3週間ほど前には配り、「前期中間テストでは、以下の50個の単語の中から20個ほどを出題します。日本語の意味を見て単語がきちんと書けるように、しっかり練習しておきましょう」と知らせておきます。答えの単語はすべて「前期 中間テスト 単語50選」から出題します。また、夏休み前には「サマー・ギフト2012」と銘打った100単語プリントを配布し、夏休みが明けて最初の授業で単語テストを行うとともに、前期・期末テストでも同じ「サマー・ギフト2012」から20個ほどを出題します。出題する単語は出来るだけ単語系「英鍛語マシーン」で練習したものともオーバーラップさせます。

2　【関心・意欲】日本文に合うように、（　　　）に適する語を書きなさい…副教材のワークからそっくりそのまま出題します。答えの単語も出来るだけ「前期 中間テスト 単語50選」や「英鍛語マシーン」で練習したものとオーバーラップさせます。

3　【表現の能力】3年生になったら少しは大人になるものですが、彼はまったく変わりません。教科書の29ページを今度は体育祭シンボル・ボードのオレンジ色の絵の具で汚しました。廊下とかですれ違ったら、ジーッと見てやって下さい。「ぼくがやりました」って顔に書いてありますから。絵の具で見えなくなってしまった部分の単語を再生しなさい…この問題の勉強方法は一つ、教科書をくり返し読むことに尽きます。それがねらいです。学年が上がるに連れて授業中の音読量はどうしても減ってしまうからです。答えの単語は出来るだけ「前期 中間テスト 単語50選」や「英鍛語マシーン」で練習したものとオーバーラップするようにします。なお、生徒たちは上の「彼」が誰なのかはすぐに分かります。「彼」は人気が高く、次は俺を「彼」にしてくれと候補者には困りません。

4　【表現の能力】それぞれの指示に合う英文を完成しなさい…採点の際、understandable なものなら大抵 OK にしています。スペリングミスがあっても、音声にしたときに理解可能であるならば△です。

5　【理解の能力】アフリカ（Africa）のマラウイ（Malawi）に住むウイリアム・カムクワンバ（William Kamkwamba）について次の文を読み、下の設問に答えなさい…これは知っておいていいとい

った内容のものを出題しています。ソースには TED Talks や『BS 世界のドキュメンタリー』がおすすめです。

6 【理解の能力】それぞれの英文を1語で表す単語を選び、その番号を書きなさい…この6だけは同じパターンを踏襲するという作問の基本から外れます。普段からこれは面白いと思った問題をストックしておき、その中から出題しています。

7 【言語についての知識・理解】（　　　）内から適する語をそれぞれ1つずつ選び、その番号を書きなさい…教科書に登場した英文に沿った問題を出していますが、そっくりそのままの英文は使いません。ここでは前置詞を問うていますが、動詞や形容詞、副詞などについて問う場合もあります。

8 【言語についての知識・理解】（　　　）内の語の順番を換えて英文を完成させ、それぞれ<u>4番目にくる単語の番号</u>を書きなさい…教科書に登場した英文には沿ってはいませんが、教科書の内容と基本文に重なるような英文であることを心がけています。「<u>4番目にくる単語の番号</u>」のみを答えさせるのは採点時間短縮のためです。

※解答用紙については観点別問題を出題するようになって以来、この形式を採っています。筆記問題と聞き取りテストの観点が重なる場合、解答欄を左右に振り分けて横方向に点数を合計することでイライラと採点ミスが減り、採点時間も短縮できます。太い実線は配点が2点であることを示しています。

第11章　総合的な学習

■■■3年生総合「お墓と平和館から始めるメッセージ交換活動」

1．はじめに

　戦争や平和などについての学習を修学旅行先の京都で外国人観光客とのメッセージ交換活動にリンクさせてみました。国や文化が違っていても、平和や幸せを願う気持ちは人間誰でも同じなんじゃないかなということを外国の人たちとの交流を通して知ることができたらと考えたからです。

2．お墓調べ

　1994年1月、お墓調べを初めの一歩としました。メッセージの作成に向け、かつて日本人が国を挙げてかかわったアジア・太平洋を視野に入れておきたかったからです。下見に出かけた職場近くの寺の戦没者の墓には「ニューギニア島ラエ東方／ルソン島ウァク西方山地／南方マリアナ島／…」にて「奮励努力／激戦血闘／勇戦奮闘／…」の末、「壮烈ナル戦死／忠死／散華／…」などと刻まれていました。複雑な――どう讃えられようと、彼らは自分の死を望んではいなかっただろうし、かといってアジア・太平洋の人々のおびただしい死は、彼ら兵士の「奮励努力／激戦血闘／勇戦奮闘／…」抜きにはありえなかった――気持ちでした。

　2月、2人の生徒に声をかけました。「今度の日曜の午前中、先生に時間くれないかな。ちょっと協力してもらいたいことがあるんだけど…」「うっ、また何か考えてるんだ」「今度は何やんの？」

　こうして始まったお墓調べも2回目は10人が参加し、「お墓」の噂は次第に生徒の口に上るようになりました。「先生、この前の土曜、古川たちとお寺で何やってたの？」「あっ、オレも見たぞ」「ああ、あれはね、準備なんです」「準備？ 何の？」「実は、修学旅行で行く京都は外国人の観光客が多いんですよ。それで、その人たちと英語で交流することができないかなって考えてるわけよ」「ふーん」「でも、それとお墓がどう関係あんの？」「だからその…」。

3．実践のながれ

　お墓調べの後、次のような見通しで進めました。

```
（1）メッセージ作成のための事前学習
    a．川崎市平和館の紹介 …………………………………… 1時間
    b．川崎市平和館の見学 …………………………………… 春休み
    c．戦没者の墓碑銘の読み取り ………………………… 1／2時間
（2）5行詩メッセージの作り方 ………………………… 1／2時間
（3）メッセージ交換のための英会話練習 ……………… 1時間
（4）修学旅行当日
（5）書いてもらったメッセージの掲示
（6）いっしょに撮った写真と礼文の郵送
```

（1）a.『私たちの街』（製作：TVKテレビ）から平和館の紹介部分を視聴し、その後『平和館ガイド』

第11章　総合的な学習

　　　を参考にして見学コースを決める。
　　b. 平和館を見学して課題用紙にメモを取り、感想文を書く。
　　c. 平和館でのメモや感想を発表させた後に戦没者個々の死地を墓碑銘から探して地図上にその位置を記し、自分たちが暮らす町からも人々が兵士として広範な地域に駆り出されていったことを知る。

（2）メッセージの内容がノー天気なものにならないよう配慮を促し、作るのは家での宿題とした。作るにあたっての相談は昼休みや放課後に受け付けた。

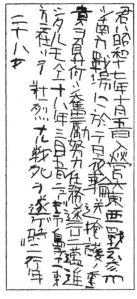
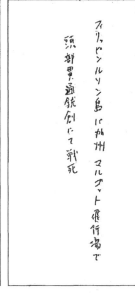

（3）意味の確認・役割分担の後、各班で読み合わせ。次の授業から1、2班ずつピックアップし、立ち稽古を行なった。また、以前実践したときのカードを参考として紹介し、朝の会や放課後を利用して班員全員の5行詩メッセージを載せるためのカードをつくるように指示した。

（4）2日目の全日班行動と3日目の午前中班行動をメッセージ交換にあてた。カードは48枚（2枚×24班）用意し、41枚を交換することができた。内訳はフィンランド（1）、カナダ（5）、ニュージーランド（3）、フィリピン（1）、スイス（1）、ドイツ（5）、オランダ（2）、イギリ

ス（5）、アメリカ（17）、オーストリア（1）だった。

　生徒の感想を「修学旅行個人新聞」から拾ってみると、「大徳寺で50歳くらいのおじさんに会いました。初めはすごく緊張したけど、すごくやさしい人で…。話が長く、20分くらいしゃべったけど、最後にキウイというぬいぐるみをもらいました」「飯山くんは緊張してて声が小さく、最初その人に気づいてもらえませんでした。やっと気づいてもらえたら、その人はとてもやさしい人でした。その人は練習したながれを無視し、どんどん自分で進めてしまいました。その人は自分の兄弟を紹介しました」「初めは皆、はずかしがっていたけど、話しているうちに仲良くなれました。ブラウンさんは日本語が少し話せるようだったので助かりました」といったもので、多くがこの活動を楽しんでいたようだ。

（5）書いてもらったメッセージは班で訳し、生徒が作ったメッセージカードの写真とともに6月末から夏休み前まで廊下に掲示した。41のメッセージは、多くが平和や相互理解の大切さについて触れていた。3年生ばかりでなく、他学年の生徒や職員、三者面談で順番待ちの保護者などにも好評だった。

（6）夏休み前に発送した礼状と記念写真に対し、8月から10月にかけて13通の返信があり、その都度廊下に掲示した。返信はカナダから3通、アメリカから5通、ドイツ・オランダ・イギリス・フィリピン・ニュージーランドからそれぞれ1通あり、どれも親しみのこもったものであった。とりわけ小包は生徒に人気で、自分の班はまだかと心待ちにしている者もいた。

4．おわりに

　生徒が作ったメッセージカードの写真、書いてもらった41のメッセージ、そして13の返信や送られてきた品々は、あわせて文化祭で展示しました。また、展示だけでなく上演発表もやりたいという要望が生徒から出され、①いっしょに撮った写真のスライド映写　②日本語に訳したメッ

セージの紹介 ③メッセージ交換の失敗談数編で構成した劇を有志が体育館で上演して拍手喝采を浴びるなど、外国人との交流は好印象をもって受け止められており、当初のねらいはほぼ達成できたと考えています。

しかし一方、メッセージ交換活動についての以前からの指摘——交流の対象が欧米系の白人に限られてしまい、現在も過去も日本との関係が最も深いアジアが生徒の頭からスッポリと抜け落ちてしまう傾向を助長することになっているのではないか——がやはり当てはまる結果ともなっているようです。この活動を通して欧米系の白人に親しみを持てば持つほど、アジアは無意識の内に遠くなっていくといったところがどうしてもあるからです。

ここ十数年来、メッセージ交換活動が英語を教室から外に開放し、生徒の目を世界に向けさせる上で果たしてきた役割は大きいと思います。しかし、より十全な「国際理解の基礎を培う」ためには、今後、アジア・太平洋に生きる人々の生活や文化、歴史などに一層力点を置いた学習活動の可能性を探っていく必要があるように思います。

■■ 2年生総合「メッセージ交換活動に向けて」

メッセージ交換活動のための事前学習会

1．ねらい

　京都でのメッセージ交換活動で寄せられたメッセージ——War is a terrible thing—mankind does not need any more "Hiroshimas" or Nanking Massacres.——に応え、「国のために戦い、尊い命を犠牲にされた御英霊」の墓碑銘に学ぶとともに、国際理解・「国際協調」の観点からアジア・太平洋地域の人々の命についてもふれることでバランスをとり、修学旅行先で交流する外国人へのメッセージが身勝手で独りよがりなものにならないよう配慮を促す。

2．流れ

(1) 『教えられなかった戦争—フィリピン編』（映像文化協会）の一部視聴 …… 30分

(2) 『消えた村』（詩　石川逸子）群読 ……………………………………………… 10分

(3) マレーシア英語読本（*Japanese Soldiers in Our Country*）翻訳版の紹介
　　（配布して、感想文を課題とする）………………………………………………… 5分

〈消えた村〉

A	消えた村 いいえ　消された村 いまは　ただ 一面の草と　ぽっぽつと生える木と さみしい丘と　過ぎていく風ばかり	●テープ① *Rasa Sayangeh*スタート ●ボリュームを落とし、群読スタート
B	だれが知ろう　このぼうぼうと草繁る地に　かつて美しい村があったことを	
D	米がとれ　バナナが実り　砂糖きびの葉がさやぎ　パイナップル畑が続く　清らかな空気の中で　ひとびとは　つましく穏やかに働いて　夕べには鍬をかついで帰り　おじいさん　おばあさん　お父さん　お母さん　たくさんの子どもたちが　賑やかに食卓を囲んでいたことを	●ボリューム・ダウンのまま、ＢＧＭをキープ
E	だれが知ろう　いまは　風だけが吹いている　川のそばの荒地にかつて　大きな雑貨屋があり　働きものの若い嫁さんが　いつも笑顔で応待していたことを	●マレーシアの人々の日々の暮らしをスライド映写
F	生まれたばかりの孫を抱いて　白髪のおばあさんが店先で椅子に腰かけ通る村人に声をかけていたことを	
G	錫ほりに来ている若い労働者が煙草を買い　赤んぼうのホッペタを突いて帰っていったことを	
H	だれが知ろう　この　風だけが吹いている荒地に　かつて　村人の往き交う大きな道があり　その道に近く　ウリや野菜をつくっている農家があって　夫婦仲むつまじく　四人の娘たちはみな　愛くるしい目をしていたことを	
I	その隣の家には　背の高い次男坊がいて　ゴム園ではたらき　農家の一番上の娘と恋をしていたことを	
K	だれが知ろう　ああだれが知ろう　いまは あとかたない マレーシア　ネグリセンビラン州　イロンロン村 いまはただ　一面の草に　ぽっぽつと茂る木々 さみしい丘に　風だけがぼうぼうと通り過ぎていく	
MN	なぜ　どうして　なにがあったのか　イロンロン村は　なぜ消えたのか	
OAB	雑貨屋の赤んぼうは　どこへいったのか　錫ほりの労働者は　どこへいったのか	
DEFG	仲むつまじい夫婦は　恋を育てていた若い二人は　どこへいってしまったのか	
H	一夜で　たった一夜で　消えた村	●ＢＧＭフェイド・アウト
KMNO	マレーシア　ネグリセンビラン州　イロンロン村	

●テープ②

〔大本営陸海軍部発表　十二月八日十一時五十分〕
わが軍は陸海緊密なる協同の下に　本八日早朝マライ半島方面の奇襲上陸作戦を敢行し着々戦果を拡張中なり

全員	1942年3月18日 大日本帝国の軍隊がイロンロン村に来たのです！

第11章 総合的な学習

A B	大勢の日本兵が自転車に乗ってやってきて　やつらは言った 「戸口調査をするので　証明書を持って全員学校へ集まりなさい」	
D E F G H	ああ　私たちは出かけた そう　私たちもでかけた それは地獄への道であったのに だが　どうして思い及ぼう　学びの場である学校が一転　殺戮の場になろうとは ああ　どうして思い及ぼう　いわれなく　一夜にしてみな殺しにされようとは	●日本軍蛮行スライド映写
I K M N O	私たちの倍はいたでしょうか その一人一人が銃剣をぎらつかせて　私たちに　ひざまづけ　といいました 二人の子も　おばあさんも　夫も　私は赤ちゃんを抱いたまま　ひざまづきました 胸がどきどきして　いやなことが起こらないように　必死で祈っていました と　背後で途方もない大きな声で　一人の日本兵がどなったんです「カカレーッ」	
AB D E	逃れるまもなく　二人の子をかばう暇さえなく　それからすぐ　私たちはめったやたらに刺されました いとけない頭を刺された二番目の子は泣き叫び　さらに軍刀で刺されて私の目の前で死にました 日本兵が　しっかり抱いている赤ちゃんを奪おうとし　やるまいと必死に争いましたが　ぐうっと咽喉を刺され　なにもかも分からなくなっていきました	

●テープ③

　結局日本兵が集まって　3人か4人くらい日本兵が　こちらに　グループに10人ずつ連れ出したんです　方向はちらほらですね　だいたい宿舎のそれぞれの方面に連れ出して　私のグループはだいたい宿舎から500mぐらい離れた丘の　向こうの丘ですね　宿舎から向こう側の丘です　そこで着いてから　我々を一列にひざまづかせて　そこで一言も言わなくて　その時は母親が胸に抱いていた6カ月間ほどの弟さんがいました　そこで　1人が母親の胸から引っ張って空中に放り上げて　隣に立ってある日本兵が銃剣を使って…弟さんを刺し殺したんです　そこでまた落ちてしまったんです　腸もいっぱい流れてきて　血も出てきて　そういう特殊なことを見たこちらも　声も出せなかったんですね　それ見ているうちに　後ろから銃剣が刺さってきたということを感じました

F G	イロンロン村 それはマレーシアで　心に刻まねばならない　たった一つの名？ たった一つの消えた村？	●マレーシア各地に残る殉難記念碑スライド映写
H I K M N O A	いいえ あそこに ここに あの村に この町に 涙も枯れる殺戮があって 幼い子どもたちが投げこまれた　古井戸があって	

B	拷問のあと　犬のように屠られたひとたちがあって
D	「中国万歳」と叫んで　死刑となった　娘がいた
E F	ああ　マレーシアのいたるところ　数々の碑は立ち
G H I	マレーシアのいたるところ　大日本帝国軍隊の悪業の跡がある
K A B D	日本企業の会社員たちはぞくぞくタラップを降りて　なにげなくこの地を踏み
E F G H I	日本の観光客もまた　軽やかに　ぞくぞくとこの地を踏む
K	だが　ここマレーシアでは　なお眠れない　たくさんのしゃれこうべがあって
M	かつて村があり
N O	いまは荒れはてた草むらに
O	風だけが　涙のように吹いている

〔石川逸子詩集『定本 千鳥ヶ淵に行きましたか』所収、「ひとつぶの風となって せめて ——マレーシア無辜生命鎮魂詩」(P.101〜P.140)から引用させて頂きました。この群読用台本は、詩想を損なわぬよう引用箇所を再構成したものです。〕

■■■1年生総合「川崎と戦争」

　それでは、「川崎と戦争」について発表します。司会のYです。

　戦争には2種類あります。「やって来た戦争」と「出て行った戦争」です。「戦争」と聞くと、空襲をイメージする人が多いのではないでしょうか。空から爆弾が落ちてくるアレです。空襲は「やって来た戦争」です。まず、その「やって来た戦争」についてです。

K：川崎空襲

K：私たちは、川崎空襲について調べました。川崎は18回空襲されました。1945年4月15日深夜に最大規模の空襲があり、約200機の超大型爆撃機B29が約9000発もの爆弾や焼夷弾を投下しました。死傷者は15000人余りとされています。
H：爆弾は爆発しますが、焼夷弾は爆発しません。焼夷弾は強烈な炎で日本の木造家屋を焼き尽くしました。
Y：これが焼夷弾の実物大模型です。焼夷弾のこのリボンが燃えながら落ちてきたので、夜は火の雨が降ってくるように見えたそうです。
　　　　　　　　　　　　　　　　　　　　　　　　　　　K：以上で発表を終わります。

　次は柿生村、現在の麻生区から戦争に行かされて、亡くなった人たちについてです。

S：戦死者のお墓調べ

○○：私たちは、駅近くにあるお寺でお墓を調べました。
○○：お墓は、宗教によって特徴があります。
Y　：これはキリスト教のお墓です。十字架です。
N　：これはユダヤ教のお墓です。この部分はダビデの星と呼ばれています。
Y　：これが日本の神道のお墓です。この部分がとんがっていて、これは戦死した人のお墓です。
S　：さて、私たちが調べた戦死者の方のお墓には、こう書かれていました。

○○：	○○：

　　　　　　　　　　　　　　　　　　　　　　　　　　　S：以上で発表を終わります。

続いて、「出て行った戦争」で戦死した人たちが渡された武器についてです。

K：三八式歩兵銃

○○：ぼくたちは、日本の兵士の装備について発表します。ここでは、日本軍で広く使われていた三八式歩兵銃による戦闘を再現します。
○○：敵、発見！　伏せー！　目標、前方の敵。うてー！
K：　パン！
○○：マシンガン連射！　ダッダッダッダッダッダッダッダッダッ！（日本兵、声を上げて転がり回り、死ぬ）
M：　よわ！
○○：このように弾丸を一発外すと、日本兵はアメリカ兵の銃弾で蜂の巣でした。以上で発表を終わります。

さて皆さん、生田駅近くの明治大学に登戸研究所資料館があります。登戸研究所では戦争中、多くの秘密兵器が開発されました。それは全て「出て行った戦争」のためのものでした。

H：電波兵器

H：　ぼくたちは、電波兵器について発表します。それでは、電波兵器による動物実験を再現します。
○○：ニャーオ、ニャーオ。
K：　目標、前方の猫！　第一電波、発射！→ウィン、ウィン、ウィ〜〜〜〜〜ン（ネコ、平気）
K：　第二電波、発射！→**ウィン、ウィン、ウィ〜〜〜〜〜〜〜ン**（ネコ、平気）
K：　第三電波、発射！→**ウィン、ウィン、ウィ〜ン**（ネコ、ちょっと変）
○○：ニャ、ニャ、ニャ、ニャ、ニャー、ニャ、ニャ！（ネコ、のたうち回って死ぬ）
K：　実験、成功！
全員：万歳、万歳、万歳

　　　　　　　　　　　　　　　　　　　　　　　　　　H：以上で発表を終わります。

次は登戸研究所が開発したスパイ兵器の数々です。

Y：スパイ兵器

Y：ぼくたちは、スパイ兵器について発表します。それでは、日本軍スパイによる時限爆弾テロをご覧ください。
T：お前、ちょっと来い。
M：（「お前」って、俺のことか？の顔）　　　　　　エキストラ：○○、○○、○○…
T：こい！　お前、何か怪しいな。
M：えっ、ぜんぜん怪しくありません。
T：嘘つくな！　顔にスパイって書いてあるじゃないか。
M：お巡りさん、冗談はやめて下さい。
T：何だ、それは！
M：パイナップルの缶詰です。（T、調べる）
T：（返しながら）いいか、新城に近づいたら、承知しないぞ！
M：はい、分かってます。（怪しげな動きをし、「ダイナマイトショック」を5秒にセットして立ち去る）
　　（時限爆弾が爆発し、通行人は悲鳴を上げて死ぬ）
　　　　　　　　　　　　　　　　　　　　　　　　　Y：以上で発表を終わります。

いよいよ最後は、登戸研究所が最も力を注いで開発した風船爆弾についてです。

```
┌─────────────┐
│ E：風船爆弾 │
└─────────────┘
```
E：ぼくたちは、風船爆弾について発表します。風船爆弾は日本からアメリカに向かって吹くジェット気流を利用し、太平洋上を7700km飛んだ爆弾です。約9300発が発射されました。それでは1945年5月5日、アメリカ・オレゴン州ブライへの風船爆弾攻撃を再現します。
○○：(指さしながら) おい！
○○：何、あれ！？
○○：何かの気球じゃねえ？
○○：気球？
○○：気球って、空飛ぶやつ？
○○：あっ、さわんな！
○○：あぶねーぞ！
○○：だって、しぼんでんじゃん！
○○：平気、平気。
○○：おい、この鉄でできた奴、何かな？
○○：やめろ！　バカ！　さわんな！
　　（「ダイナマイトショック」を1秒にセットし爆発。少年たち死ぬ）
　　　　　　　　　　　　　　　　　　　E：以上で発表を終わります。

日本の風船爆弾によるアメリカ本土攻撃の犠牲者は6人でした。そして、アメリカの爆撃機B29による日本本土空襲では55万人とも言われる日本人が亡くなっています。

第 12 章　授業のふり巾を広げるアレコレ

■■■19（ナインティーン）日本語リミックス版

　Paul Hardcastle が 1985 年に発表した Nineteen に衝撃を受け、日本テレビのアナウンサー・小林完吾さんが日本語で仕立てたバージョンです。私はこの曲を単語練習活動のタイマー代わりに使っています。曲のテーマはベトナム反戦。米軍ヘリコプターのバタバタという飛来音や機関銃の掃射音が強烈に響く中、ラップ調の激しいリズムに乗ってアナウンサーが一気にベトナム戦争の現実——平均年齢が *19 歳だったというベトナム派遣米兵は 12 ヶ月とされた従軍期間のほぼ毎日、見えない敵の攻撃に昼も夜も曝され、帰還後も 80 万人にも及ぶ元兵士が心的外傷後ストレス症候群（PTSD）との終わらない戦いに苦しんでいる——をたたきつけるように突きつけます。

　この曲の視点は終始、加害者であるアメリカの側にあります。日本では精々「ソンミの虐殺」（1968 年 3 月 16 日、クアンガイ省ソンミ村ミライ地区で女性や子ども、老人 500 人以上が虐殺された）が知られるばかりですが、実際には 15 年に及ぶ戦争の全期間を通じて常態になっていたという米兵による民間人の「虐殺、殺人、強姦、拷問、襲撃、遺体損壊など」の戦争犯罪（『動くものはすべて殺せ　アメリカ兵はベトナムで何をしたか』ニック・タース　布施由紀子訳　みすず書房 2015）については一切ふれていません。しかしながら Nineteen がベトナム帰還米兵の苦悩を熱く語れば語るほど、むしろ 15 年間もの戦いでベトナム人が被った苦難はいかばかりだったろうという思いに駆られるのが人情のようです。

　異色の作風とリアリティーに徹した歌詞に惹かれた生徒が携帯に取りこんだり、ダビングを頼みに来たりします。amazon から CD を取り寄せた生徒もいました。一度、この曲のテープを職員室に忘れたことがありました。ストップウォッチで代用しようとしたところ、予想もしなかった大ブーイングとなりました。「分かったよ。マシーン、一旦回収」。授業を中断し、テープを取りに職員室まで走りました。

　Nineteen の日本語バージョンが大きな顔をしていられるお陰で、英語の授業なのに漫画『ネルソンさん、あなたは人を殺しましたか？』（三枝義治, 2005）や映画『地獄の黙示録』、ビデオ『歪められた遺伝子 —枯葉剤被害児童の記録—』など、ベトナムに関わる諸々を労せず導入することができます。

*19 歳…ベトナム戦争が熾烈を極めていた 1969 年 11 月、軍事選抜徴兵法（48 ヶ月の兵役義務）がアメリカ議会で可決され、ニクソン大統領が署名して成立した。この徴兵法は 18 歳 6 月〜 35 歳の男性に徴兵登録を要求した。

■■■"SAYONARA"?!

　1996 年夏、シンガポールでクランジ英連邦戦没者墓地の墓碑銘を見て歩きました。戦死者の墓ですから、殉死を讃えるものはいくらもありました。しかし一方、残された家族の思いがにじみ出ているものも少なくありませんでした。表現の、あの囚われのない自由さ——「時が癒してくれると言う人がいます。多分そうなんでしょうね。でもどんなに時が立っても、思い出や愛は消えません」「私を一人残してあなたは行ってしまったけれど、でも美しい思い出の中であなたは

いつも私のもの」「あの子は歌いながら戦場に行きました。若かったんです」「声は聞こえないけれど、でもすぐそばをお前が歩いているような気がしてなりません」「再び聞くことのないあの人の声、癒しようのない私の空っぽの心」「彼は私たちのものです」「彼がもういないということは、言い表せない悲しみです」「彼はゲームのつもりでいたんです」「匂い立つバラの香りのように、思い出も色褪せることはありません」――は一体どこから来るのだろうと思いました。

このことは、日本人戦死者の墓碑銘と大きく異なります。「勇躍征途」に始まり、「勇戦奮闘」「壮烈戦士」に結ぶ長大・勇壮なものや死亡告知書そのままと思われるもの――「西部ニューギニアソロウ島ニ陣没ス」「ルソン島コレヒドール方面ノ戦闘ニテ戦死」「台湾南方海上ニ於テ戦死」――を見慣れた目には随分とまぶしいものでした。それは、国策でがんじがらめにされていた当時の日本人が逆照射されるような感覚でした。

やがて昼近く、そろそろ引き上げようとした矢先、James Joseph Lennon さんの墓碑銘に行き当たりました。彼はオーストラリア兵、1942年2月9日に27歳で亡くなっています。日本軍がシンガポールへの上陸を果たした直後の戦死です。目を奪われたのは墓石の一番下、家族が彼に送った言葉でした。そこには"SAYONARA"とただ一言。レノンさんを殺害した日本兵の言葉で刻んだ墓碑銘、残された家族のどんな思いがあったのでしょう。不思議でなりません。日本の戦死者の墓碑銘に「グッドバイ」はあり得ませんから。

■■■フィリピン・モロ民族解放戦線の若者たち

2005年の夏、浅川和也先生（愛知・大）の案内でフィリピン・ミンダナオ島を訪れました。直前、「僕が住んでいたカビテは危険なところだけど、ミンダナオはもっと危ないです」と言っていた数年前卒業のフィリピン人生徒のことを思い出し、気になって書店を覗いてみました。『地球の歩き方』を開いて驚いたのは、ミンダナオ島の扱いでした。首都マニラのあるルソン島については80ページ、セブ島には30ページがさかれているのに対し、マニラに次ぐ大都市ダバオを有し、数ある島の中でもルソン島に次いで大きいこの島についての記述はわずか10ページ足らずだったからです。しかも私たちが訪問、滞在する予定のジェネラル・サントスとコタバトについては一

言もふれていません。一言もない代わりに、「現在、ミンダナオで旅行者が訪れて安全なのは、西北部ディポログ近郊、ダバオとその周辺、スリガオといったところ（実際、この安全圏から外れた島の最西端サンボアンガでは滞在中の8月10日夜、アブ・サヤフが実行犯とみられる連続爆弾テロが起きています）」とあります。不安が頭をもたげました。

そんなミンダナオ島で8日間を過ごす中、島の南西部コタバトでモロと呼ばれるモスリムの若者たちとの出会いがありました。彼らの宿泊研修施設に到着して一休みしていると、フィリピンの大ヒット曲 Anak（フレディー・アギラ , 1977）のギター演奏が流れてきました。聞けば、私たちの歓迎会のオープニングで歌うとのこと。だったらということで提案し、本番では私が「お前が産まれたとき、父さん母さんたちはどんなに喜んだことだろう」と最初の部分を日本語で歌い、モスリムの若者たちがタガログ語で続きました。彼らが Anak を歌う理由、それは未だこの歌が今日につながるリアリティ——Many Filipino minors are engaged into anti-social activities like robbery, stealing, rape, drug addiction, murder, etc. due to poverty and lack of education and opportunity. None of them has dreamt of becoming such when they are still little kids, but the concrete condition of the country brought them to that world. Prostitution among Filipino minors is rampant. They are victims of pornography and other forms of prostitution. Child labor is also rampant, many minors are working, and we can see children selling cigarettes and flowers in the streets as young as 6 years old. Some of them beome beggars in the street.（モスリムの若者による説明から）—— を宿しているからなんですね。Anak は、すえた臭いが鼻を突くエバキュエーション・キャンプや廃屋となった倉庫の暗がりに見捨てられ、すでに5年をそこで暮らす少数民族バジャウの人たちを支援する若者たちが闘っている現実そのものなんだということに思い至りました。

■■■「やるじゃんか、若者！」

帰国から早一週間になりますが、未だ鮮明に覚えている光景を記します。高校生の上崎さんです。「上崎さんは英語がすごい」と、こちらも英語がすごい高校生の伊藤くんが言っていましたが、彼女が英語を話すのを一度も聞いたことはありませんでした。日本語ですら、しゃべっている姿をあまり見かけなかったように思います。むしろ、世界一に輝いたというダンスを無言で踊っている姿ばかりが目につく方でした。

しかし、その彼女が、ベトナム・ニンビン省のファム・ティ・ニャンちゃん宅できっぱりと、「髪を結ってあげてもいいですか？」と、ニャンちゃんの髪を結ってあげました。お父さんがベトナム戦争で浴びた枯葉剤ダイオキシンの影響からか、表情の全くないニャンちゃんは、結い上がった髪を合わせ鏡

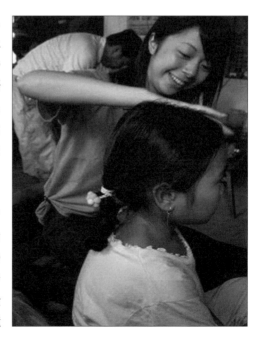

で覗いてもニコリともしません。ところが、上崎さんがニャンちゃんの姉のクエンさんの髪に取りかかった途端、黄疸の進むニャンちゃんの土色の顔にたちまち笑みが広がりました。ニャンちゃんはクエン姉さんが大好きなんだそうです。その後、ニャンちゃんは私たちが出発するまでの間、ずーっといい顔でした。あちこち動いたりもしていました。

　上崎さんはきっと、自分の出来ることをじっと考えていたのだと思います。上崎さんが髪を結ってあげて、10円かそこらの髪留めを残してきたことは、あと数年の命と言われるニャンちゃんの病状の悪化を食い止めることも、一家のひもじい暮らしを助けることもできません。でも、姉妹は今後、教えてもらった髪型にお互いを結い合って、上崎さんをきっと暖かい心持ちで思い出すことでしょう。上崎さんはあの時、それぞれの思いであの場にいた日本人とベトナム人の大人の誰よりも、ニャンちゃんの心の一番近くにいたのではないか。そんな気がします。やるじゃんか、若者！

　最後になりますが、会の皆さんの地に足をつけた支援の姿を見せて頂き、感謝しております。

（2007・夏）

■■▎パヤタスでの出来事

　2010年夏、浅川和也先生（愛知・大）に案内していただき、ルソン島のあちこちを見て回りました。ここでは、あるNGOの支援先訪問について報告させていただきます。ツアー参加者一行がパヤタスの巨大ゴミ捨て場近くに到着したとき、なぜかパトカーが入っていました。住民によれば、「何日か前に行方不明となった数人の子どもたちの一人が今朝、遺体となって発見された。遺体は両眼と心臓、腹部の臓器（腎臓か？）が切除され、3万ペソ（約2万円）が置いてあった」とのことでした。臓器移植ビジネスの犠牲者と見られています。

　その晩、夕食を共にしたフィリピン人NGOの方によれば、「フィリピンでは近親者間の臓器移植のみが合法となって以降、こうした事件が多発し、特に子どもの臓器は不足がちなため、被害に遭っても声を上げることのできない極貧層の子どもが狙われる」のだそうです。報道の有無について伺ったところ、「こうした事件は多すぎて、ニュース性がない」と否定的でした。翌朝の紙面には案の定、関連報道は一切ありませんでした。

　授業での「ラチもないおしゃべり」（『小田実の英語50歩100歩─「自まえの英語」をどうつくるか』小田実, 1989）をつかの間離れ、「発音とか言いまわしの問題ではない」「まともな会話」（同）を通してモノを考える良い機会となりました。

　ひとつフィリピンに足を運び、「そんなふうな世界のありよう」（同）に自らをイクスポウズしてみませんか。

■■▎南京にて

　小学生の頃、中国での戦争について父に尋ねると、答えはいつも「子どもは知らなくていい」でした。父の死後、「汽車で朝鮮を北上して中国に行った」「中支にいた」「熊本の部隊は強かったから、敵は攻めてこなかった」「通信兵になってから第一線に立たなくてすんだ」「復員は昭和22年」など、母に残した言葉を知りました。「熊本の部隊」所属の父でしたが、熊本を編成地とする部隊は南京城に突入した熊本第六師団以外にも幾つかあり、ましてや父の入隊は1942年ですから大虐殺には関係していません。ただ、そうは言っても、いわゆる初年兵教育を考えると心は穏やか

ではありません。初年兵教育は昭和17年入隊の父の代から初めて組織的に行われるようになり、仕上げは実的刺突という銃剣による生きた人間の殺害が一般だったと聞いているからです。南京滞在中、警察官でありながら父方の親類からは陰で「腑抜けのカッちゃん」（奄美大島出身の父は島の相撲大会で優勝したことがあると聞いていましたが、私の知る父はまるで生気のない人でした）と呼ばれて42で死んでいった父の記憶が時々よみがえり、中支にいたのならひょっとして南京に来たこともあって、このプラタナスの並木道を父も歩いたかも知れないな…」などと思いを巡らせました。

以上、今回のツアー参加には先ず父のことがありました。そしてもう一つ、ミニー・ヴォートリンというアメリカ人女性への関心がありました。彼女はミッション系の金陵女子文理学院（現・南京師範大学）で教鞭を執っていた人で、1937年12月から翌年5月末までの間、南京国際安全区内の学院キャンパスに避難してきた最大1万人もの女性と子どもを懸命に支えました。ミニーが綴った日記から引いてみます。いずれも占領直後のものです。

Thursday, December 16.（12月16日 木曜）
If only the thoughtful people in Japan could know what is happening in Nanking.
（南京で何が起きているかを日本の良識ある人たちが知ることができさえすれば…）

Sunday, December 19. (12月19日 日曜)
How ashamed the women of Japan would be if they knew these tales of horror.
（こうした凄惨な話を日本の女性たちが知ったら、どんなにか恥じ入ることだろう）

この旅そのものが上記ミニーの言葉に応えるものなわけですが、「事実を心に刻み、犠牲者に思いを馳せる」とともに、日本兵が殺し・犯し・奪い・焼いた南京の真っ只中にあって、しかしまるで対極を生きた人間がいたということを心に留めたいと思うのです。大虐殺から70年余りを経てなお、彼女の精神のあり方は今日の世界の酷薄な現実を照らす希望であり、指針でもあるような気がするからです。

最後になりましたが、会の皆さんの息の長い活動に参加させて頂き、感謝しております。どうもありがとうございました。　　　　　　　　　　　　　　　　　　　　　　　（2012・夏）

■■■「人の生きる力」に出会うフィリピン

2008年1月20日、「映画が伝える／人の生きる力」（木村文記者）という記事が朝日新聞に載りました。

> 同じ映画を4度見た。フィリピンのジム・リビラン監督（41）が、マニラのスラム街トンドを舞台に少年ギャング団の抗争を描いた「トリブ」。タガログ語で「部族」を意味するこの

言葉は、スラムのギャング団を指す。ドラッグ、セックス、容赦ない殺人。苦手なタイプの映画なのに見続けたのは、そこにとてつもない生命力を感じたからだ。出演者のほとんどが死ぬ映画で、なぜ。その力の正体を知りたかった。

映画の出演者70人のうち、プロの役者はたった3人だ。死闘を繰り広げる少年たちはすべて本物のトリブ構成員。「君はギャングか？ 役者をやってみないか」。そんなポスターを貼り出したところ、12歳から21歳の52人が応募。全員を採用した。

少年たちは互いに対立するグループに属していた。演技指導の初日、みんな銃やナイフを持って来た。映画の話を信じなかったのだ。集中力を高めようと「目をつぶって」と指示しても、だれも従わない。「隣に敵がいるのに目なんかつぶれねえよ」。

そんな彼らを、トンド出身の監督は下町言葉を駆使してまとめた。だが資金不足に直面。映画製作を断念すると話す監督に少年たちが尋ねた。「で、いくら必要なんだよ」。銀行強盗をしかねないと思った監督は、資金集めを続けると言わざるを得なかった。少年たちは強盗ではなく、得意のラップのコンサートで資金を集めようとしていた。結果は大赤字だったが、その心意気に監督は励まされた。

「トリブ」には、映画という表現を知った少年たちの喜びがあふれる。貧困や暴力や抑圧、抜け出せない仕組みの中でもがきながら、「どうだ、おれたちはそれでも生きている」という声が聞こえてくる。監督は「彼らの日常のありのままの姿にこだわった。それこそが語るべき価値のある物語だと信じた」と話す。

「トリブ」は、マニラで毎年開かれる国内映画祭「シネマラヤ」で07年の作品賞を受賞した。07年は期間中、120本もの映画を上映。その理由は、若手監督たちが、巨額の資金を必要とする35mmフィルムではなく、デジタル映画という安価な手段を得たことだ。テーマは暴力、犯罪、貧困、同性愛から少数民族、伝統文化など多様に広がり、作り手が自分たちの社会に寄せるまなざしの厚みを感じる。売れるかどうかではなく、伝えたいかどうか。その情熱が物語を紡ぎ出す。不公平や矛盾に満ちた社会でも、人は確かに光ることができる。彼らの物語は人間の底力を見せつける。

いかがでしょう。読ませますよね。浅川和也先生（愛知・大）と行くフィリピンの旅には、この「人の生きる力」との出会いがあります。この夏はマニラで元ストリートチルドレンとレストランを切り盛りする中村さんを皮切りに、ネグロスでは平和のワークショップを企画してくれた元ラ・サール大学教授のセサーさんと奥さんのジョーさん・再定住した元スラム住民・超大規模公立高校と有名私立高校の先生方と生徒さんたち・ネグロスの平和構築に献身するムーンライトさん・民衆交易のオルター・トレード・ジャパン代表・循環型有機農業を実践する元反マルコス・ゲリラのフレッドさんと若者たち・かつてネグロスの飢餓状況を訴えて日本中を回ったエンペスタン神父との出会いがありました。懇談の度にフィリピンの人々の英語運用能力の高さ（アメリカ支配の落とし子という側面がありますが…）に驚きます。普段、英語教員が英語を使うのはALTとの授業打ち合わせくらいだと思いますが、これは買い物や道案内などと同様、場面設定されたお定まりの会話なんですね。ですが、ここフィリピンで求められるのは場面に適う正しい英語かどうかではなく、伝えたいかどうか。浅川先生などは省エネ英語と称して、平然と We go back Manila tomorrow. です。貧困・人権・教育・環境・紛争など、多くの課題を抱えるフィリピンですが、「どうだ、おれたちはそれでも生きている」という人々とふれ合う中、英語はこなれて融通が利くようになるといった感覚があります。

　帰国後、バコロドのセサーさんから May we please know the NGO you visited in Manila whose waiters and waitresses are former street children? とのメールが届き、Its name is "uniquease" which sounds like yu-nik-ka-se. Yachiyo Nakamura is General Manager. E-mail: uniquease.restaurant@hotmail.com と返しました。私もほんの少し役に立ったかな？フィリピン映画 Tribu（英語字幕）は現在、YouTube で視聴することができます。　　　　　　　　　　　　　（2013・夏）

■■■ 多読

　「ご飯だよー」。呼ばれているのに聞こえないということが子どもにはあります。何かに夢中になっているとき、子どもは本当に夢の中にいるんでしょうね。しかし年齢を重ね、中学生から高校生、大学を卒業して社会人になるにつれ、もはや夢の中に入っていく力は失われていくようです。

　そんな、半世紀近くもの間ご無沙汰だった「夢中」と再会することができたのは、『快読100万語！ペーパーバックへの道』（酒井邦秀，2002）のお陰です。この一冊の小さな本が、すっかり遠くなっていた「夢中」を連れてきてくれました。ベストセラーからノンフィクション、学生時代に途中で投げ出していた本やタイトルだけは知っていても一度として手に取ったことのなかった本なども含め、今ではジャンルを問わず端から手を伸ばしています。ジャンルにこだわらなくなったのは多分、読むこと自体が楽しいからでしょう。中でも楽しいのは、読みたい作品を原作とする映画をあらかじめ鑑賞してスキーマを広げ、続いて原作となっている作品にトライするという読み方です。知らない単語や表現があっても何のその、スキーマに助けられて読むスピードが俄然上がります。

　二度、三度と挑んではみたものの太刀打ちできず、投げ出したままになっているもの（酒井先生が偏愛しているという John le Carré の諸作品）もあります。でも、大抵は子どもの頃の夢心地を楽しむことができています。どうでしょう、ペーパーバックに親しみ、以下に紹介する症例のどれかに共感して吹き出してみませんか。

多読病症例

- □多読病 1…次の本を用意していないことに気がつき、明日が待てない。夕食後、バスで書店に出かけていく。
- □多読病 2…東海道本線ではなく、わざわざ各停の京浜東北線を使って目的の駅に行く。
- □多読病 3…ふと顔を上げると目的の駅に着いていて、閉まりかけたドアを体を横にしてすり抜ける。
- □多読病 4…ベンチで読みながら特急を待っていて、電車が入ってきたので立ち上がると、それは出ていく特急であることに気がついてもまるで悔しさがない。
- □多読病 5…今週は毎日学校帰りに横浜の同じ喫茶店の同じ場所に席をとり、アイスカフェモカを飲みながら（コーヒーチケットを買ってあるので安価で飲めます）読んでいます。（萩原）
- □多読病 6（末期）…火曜日は続きが読みたくなって年休をとって読んでました。（萩原）
- □多読病 7-Ⅰ型…日本語の本をほとんど読まなくなる。買ったり借りたりしても、ほとんど手つ

かずになる。
- □ 多読病7-Ⅱ型…日本語の本を読めないでいるのに、懲りずにまた買ってしまう。
- □ 多読病8…「人生にこんな楽しいことがあったんだ。生きていてよかった」などと夢見心地になる。（萩原）
- □ 多読病9…いつもの喫茶店は老人たち8人が大声でしゃべり、読書環境にあらず。すぐ退散する。（萩原）
- □ 多読病10…隣りに座った会社員2人のいつ止むとも知れぬおしゃべりに腹が立ち、読書環境にあらずと車両を変える。
- □ 多読病11…朝、本を忘れてきたことにバス停で気づき、走って家にとって返す。
- □ 多読病12…本に気持ちが行ってしまって、バス停を2つ乗り過ごす。
- □ 多読病13（末期）…より良い読書環境を求めて喫茶店をはしごする（菊名のコロラドでモーニングセットを食べながら読んでいたところ、隣に来た女性がタバコを吸い出して耐えられなくなり、電車に乗って大倉山のドトールに移動。こちらは禁煙席があって快読でした－萩原）。
- □ 多読病14…電車やバスの乗り換えの際、人差し指が仕事をするようになる。3回の乗り換えは本をバッグに戻すことなく、指を本に挟んだままの移動でした。―笑ってしまいます。毎朝、私が二俣川で向かいの湘南台行きに乗り換えるときの行動とそっくりだから。（萩原）
- □ 多読病15…本を家に忘れた日、通勤電車が長くてつらい。
- □ 多読病16（末期）…年休を取ってまでして、書店にHigginsを探し求める（昨日は午後から年休をとって、初めての東京丸善へ。初めてでも迷うことなく行けました。アマゾンでも新刊が入手できないものがあるかと期待していたのですが…。がーん！3種類4冊しかなかったのです。これですっかり元気をなくした私は何も買わずに退散。多読の道には苦しみもある－萩原）。
- □ 多読病17（末期）…「日本語と英語の本を読むバランスをとりたい」と言っときながら、その舌の根の乾かぬうちに「うっ、これ（*A Time to Kill*）は港北の最後のクラスでやった演劇ではないですか。Grishamでしたか。これはさっそく購入しないと（萩原）」などと心と言葉が裏腹で、反省がせいぜい半省でしかない。
- □ 多読病18…すぐにでも読み切れるのに、もったいなくて楽しみを先延ばししようとする。
- □ 多読病19…朝の電車では私立小学校に通う女の子の隣には絶対に座らない。途中の駅で次々と友だちが乗ってきて、ピーチクパーチク始まるから。
- □ 多読病20…通勤途中で読み切りそうだというとき、寸暇を惜しむかのように次の本をバッグに放りこんで家を出る。
- □ 多読病21…病院などでの待ち時間がうれしくなる時がある。
- □ 多読病22(末期)…「学校は楽しくなく、帰りに寄る喫茶店での多読のみで人生、やってます（萩原）」などと口走るようになる。
- □ 多読病23…(末期)帰りの電車が同僚といっしょになるのを避けるようになる。
- □ 多読病24…空いている電車やバスに限って、なぜか傘を忘れるようになる。
- □ 多読病25…「本郷台駅での事故により、この電車は当駅で10分の停車となります。お急ぎの方はホーム向かい側、山手線をご利用下さい」と放送が流れても、「ご利用」しないでそのまま読み続ける。まっ、急いでないからってこともあるけど。

第 12 章　授業のふり巾を広げるアレコレ

□多読病 26…気持ちが本に行ってしまい、すでに川崎駅（南武線終着駅）に着いているのに気づかない。

■■■ *An Ordinary Man* by Paul Rusesabagina

1. ルワンダ人の英語

　酒井邦秀先生（東京・大）の講演で多読について伺って以来、ペーパーバックの虜になっています。この 2 年間で 100 冊ほど楽しみました。大方はフィクションですが、ノン・フィクションに目移りすることもあって、*Schindler's List* や *First They Killed My Father*（カンボジア）、*The Forgotten Hero of My Lai*（ベトナム）などにトライしては、その度に痛い目にあっています。工業高校機械科の出身のせいか、語彙を一定量欠いているらしく歯が立たないのです。「until っていうのもあるよ」と高一の妹から聞いたのは私が高三の時。当時は till しか知りませんでした。高校では 2 年間、新英語研究会の海上文夫先生のお世話になりましたが、何せ英語の授業は週 2 時間で教科書は厚さ 5 mm ほどのものが 1 冊きり。リーダーとグラマーで勉強する普通科の妹との距離を感じましたね。

　そんな私が懲りずにまた手を伸ばしたノン・フィクションは *An Ordinary Man*。英語は作者の母語ではなく、長じて習得したものなのだろうから勿体をつけた言い回しや極端に難しい語は少ないにちがいない。楽な読みが期待できるのではと踏んでいました。勘は的中しました。

2. ベルギー支配の落とし子

　ルワンダの宗主国ベルギーは民族分断政策の下、ツチ族だけを極端に優遇しました。その落し子とも言うべきフツ族によるツチ族の大虐殺（犠牲者約 80 万人）は、1994 年 4 月初旬から 3 ヶ月余り続きました。作者はその間、勤務していたミル・コリン超高級ホテルに 1268 人もの避難民をかくまい、ホテル・マネージャーとして積み上げた政府要人や軍関係者とのコネをフルに活用、賄賂もふんだんにばら撒いて全員の生命を守り抜きます。数ヶ所、作品から引いてみましょう。
There is a saying in Rwanda: "The elephants fight, but it is the grass that suffers."

　これは、アーサー・ビナードさんも大阪での講演で紹介していました。
"He said the Koran says if you save one life it is like saving the whole world. He did not know it is a Jewish text as well."　私自身はこの言葉を Schindler's List で知りましたが、ここでは自らの命を賭してツチの人々をかくまった「普段どおりでいられた人」は私以外にもいた。モスリムの中にもいたと作者は語っています。
The frog will immediately leap out of a pot of boiling water if you toss him into it, but put it in cold water and turn up the heat gradually, and he will die in boiling water without being aware of what happened.

超人気の私設ラジオ放送局がフツの「普通の人」たちにツチへの憎悪を少しずつ吹きこみ、やがてエスカレート——"Do your work!" "Cut the tall trees!" "Kill your neighbors!" "Do not leave the graves half full!"——します。

I dreaded machetes. The Interahamwe were known extremely cruel with people they chopped apart; first cutting tendons so the victims could not run away, then removing limbs so that a person could see their body coming apart slowly. Family members were often forced to watch, knowing they were next. Their wives and their children were often raped in front of them while this was happening.

　表紙写真の道のこちら側、アキレス腱を先ず切断して逃亡を封じた鉈が何本も転がっているのが分かるでしょうか。襲撃に向けて世界各国から事前に輸入し、周到に準備、販売された何十万本もの鉈の一部です。

3. 華人虐殺の地の親日

　この作品を読んでいてヒョイと頭をよぎったのは、かつて日本が支配したマレー半島でした。1983年の夏、シンガポールで投宿したYWCAホテルの食堂でSinglishの中国系従業員にえらく絡まれ、負けじと私もJapanese Englishで言い返したことがありました。火に油でしたね。親族が日本兵に殺されたのだそうです。ところがその数日後、マレーシアのマラッカ州タンピン駅で「君が代」を口ずさみながら親しげに近づいてきたマレー系のおじいさんに「ニッポングン、OK」とそこだけ日本語で感謝され、面映ゆくてなりませんでした。おじいさんは若い頃、日本軍のお陰（「マレー人優遇措置」）でシンガポールに派遣され、電気の勉強をすることができたのだそうです。

　アジアのあちこちで「普通の人」の耳に国を挙げてあれこれ吹きこんだ経験は私たちにもあって、ルワンダでの出来事はあながち遥か遠いアフリカ大陸の、まるっきりの他人事ではないような気がします。

■■■ *To Kill a Mockingbird* by Nelle Harper Lee

　What Kids Are Reading (2011)によれば、*To Kill a Mockingbird*はアメリカの9〜12年生（の最も多く本を読む上位10％）が読んだ本のTop 40で、*Animal Farm*(6位)・*Harry Potters*(10, 25, 28, 29, 30, 31, 33位)・*Of Mice and Men*(11位)・*Lord of the Flies*(15位)・*The Scarlet Letter*(18位)・*1984*(23位)・*The Adventure of Huckleberry Finn* (35位)・*The Catcher in the Rye*(38位)などを抑え、2位に入る人気です。私もこれまでに5回読み、飽きるということがありません。

　作品の舞台は1930年代中頃のアラバマ州メイコウムの古びた町。妻に先立たれたAtticus Finchは弁護士を生業としながら、Jemとその妹のScoutと暮らしています。物語はこの兄妹の体験を、成長したScoutが回想

するかたちで綴られています。

　Scout は大変なお転婆で、古タイヤの中に体をくの字に折りこんで道をゴロゴロ転がったり、小学校入学の初日に担任の先生を怒らせ、定規で掌を叩かれた上に教室の隅に立たされたりします。男子とのケンカにもひるむところがなく、4歳年上の兄にも負けていません。'You damn morphodite, I'll kill you!' He was sitting on the bed, and it was easy to grab his front hair and land one on his mouth. He slapped me and I tried another left, but a punch in the stomach sent me sprawling on the floor.

　でも Scout は、実は兄が大好き。いつも兄と一緒で、隣家で25年間引きこもっている Boo を主人公にした恐怖劇を近所の Dill（Truman Capote その人だそうです）も交えて創作して父に意見されたり、それでもその Boo を一目見たくて、ある夜、裏庭に忍びこび、ショットガンの洗礼を浴びたりします。笑えるのは1935年冬の雪の朝。生まれて初めて雪を見た Scout は父に助けを求めます。"The world 's endin', Atticus! Please do something—!"

　兄妹の子ども時代の豊かな体験を横糸とし、白人の娘を強姦したとして逮捕された黒人を弁護する父 Atticus の話が縦糸として編まれています。当時、アメリカ南部では黒人への差別感情は激しく、黒人の側に立つ Atticus は批判の的になります。批判は子どもたちにも向けられ、父を 'nigger lover' と憎々しげに言う従兄弟の顔面に Scout はその言葉の意味も分からず一発見舞います。また、Jem も近所のおばあさんにひどく罵られ、苦い思いを味わいます。'Your father's no better than the niggers and trash he works for!'

　裁判を通して、黒人の無実は Jem や Scout の目にも明かなのですが、白人で構成された陪審員たちはこの心優しい黒人に全員が有罪の票を投じます。

　もう一つの縦糸は Boo です。作家の、知恵遅れで引きこもりの Boo への暖かいまなざしが心に染みます。Boo は Jem と Scout が大好きで、彼らの通学路にある大木の幹の窪みに色々な物を置き、兄妹がそれを見つけて喜ぶのを楽しみにしています。ハローウィンの夜、兄妹の悲鳴を耳にした Boo はついに引きこもりを解き、家を出て2人を救いに向かいます。Boo was our neighbour. He gave us two soap dolls, a broken watch and chain, a pair of good-luck pennies, and our lives. But neighbours give in return. We never put back into the tree what we took out of it: we had given him nothing, and it made me sad.

　Harper Lee（1926年4月28日～2016年2月19日）は30代でこの作品を世に送り、なぜかその後は一冊も書いていません。ピューリッツアー賞（1961）に輝いたこの作品を原作とする映画（日本語タイトル『アラバマ物語』、グレゴリー・ペック出演）も秀逸です。

■■■『黄色い老犬』と *Old Yeller* by Fred Gipson

　数年前、イギリス人 ALT と職員室であれこれ話していて犬が話題になりました。「日本ではラッシーですね。私が子どもの頃、ラッシーという犬を主人公にしたアメリカのテレビ番組があって、子どもたちは毎週楽しみにしていました。私なんか、今でも主題歌を覚えているくらいです。ラッシー　ラッシー／ラッシー　ラッシー　ワン　ワン　ワン／ラッシーがワンワン吠えるとき／きっと何かが起こります／今日のお話　何でしょ　何でしょ／ラッシー　ラッシー　がんばれ　ラッシー／ミツワ　ミツワ　ミツワのラッシー」と歌い、その意味を伝えました。すると、「イ

ギリスではラッシーと並んで *Old Yeller* というアメリカ映画も広く知られていますよ」とのこと。さっそく映画の原作となった Fred Gipson の *Old Yeller*（1956）を読んでみました。「父親がカンザスに牛の群れを連れて行って家を空ける数ヶ月、14歳の Travis は愛犬の Old Yeller とともにどう猛な野ブタやオオカミの襲来、家の真ん前で突如として始まった巨大な野牛の縄張り争いなどから家族と農場を守り抜くものの、最後は狂水病を発症した Yeller を Travis 自らが銃で撃ち殺す」という少年の成長物語でした。

さて *Old Yeller* を読んでいて思い出したのは、私が小学校低学年の時分に夢中になっていた『黄色い老犬』という本でした。当時はスーツ姿のおじいさんが年に一度、荷台に大きな箱をくくりつけた自転車でやってきて、まるで富山の薬売りのように箱から本を玄関先に並べたものです。その中から母が買ってくれたのが『黄色い老犬』でした。年に一度の新しい本、何度もくり返し読んだか知れません。その内容が *Old Yeller* に実によく似ているのです。

「50年以上前の本が果たして今頃…」とは思いましたが幸運にも古書の通信販売で見つけることができ、すぐに取り寄せました。届いた『黄色い老犬』（児童憲章愛の会 1960）を一目見て、*Old Yeller* のコピーだと確信しました。表紙には映画 *Old Yeller*（Walt Disney 1957）からのスチール写真が使われ、「日本名犬感動美談教育漫画物語」の文字が躍っています。ネタ元は多分、映画 *Old Yeller* か新潮社の『黄色い老犬』（1959）、もしくは小学館の『黄色い老犬』（1959）でしょう。児童憲章愛の会がアメリカの名犬を日本の名犬へと変身させた細工をいくつか拾ってみますと、時代→南北戦争後 vs アジア・太平洋戦争後／舞台→テキサス州ソールトブランチの開拓農場 vs 北海道は網走の牧場／父親の数ヶ月の不在→現金を得るためにカンザスへ牛追い vs 札幌に出稼ぎ／主食→トウモロコシ vs ジャガイモ／飲料水→湧き水 vs 屋内の井戸／登場する野生動物→アライグマやリス（食糧）、青サギ、こうもり、なまず（食糧）、ガラガラ蛇、トカゲ、ツバメ、スカンク、コヨーテ、ものまね鳥、七面鳥（食糧）、鹿（食糧）、野ブタ、野牛、狼、熊、

猪などvsウサギ（食糧）や野犬、熊，蛙といった具合で、なかなか巧いものです。ただ一点、「old」の意味を取り違えて「年老いた」としたために、「みすぼらしい老犬」が「もとのたくましい体格やうつくしい黄色い毛なみをとりもどし」「弾丸よりも早く走りまわってえものをおいかけました」などとトンチンカンなことになってもいますが、半世紀をまたいでの出会いは大いに興味深いものとなりました。

　原作のオリジナリティーや著作権などどこ吹く風、裏表紙には臆面もなく<u>不許複製</u>とあって笑えますが、当時の日本は今日の韓国や中国と負けず劣らずだったんですね。貧しかった我が家でも手が届く1冊60円という廉価（原作に忠実で、全ページがカラー印刷の小学館は倍の120円）で販売してくれた児童憲章愛の会に感謝です。

　Old Yeller は1969年にニューベリー名誉賞を受賞しています。現在、この作品を原作とする1957年製作の映画はYou Tubeで楽しむことができます。

資 料 編

速写５０発

2年___組 氏名_____

💣 _____ に単語、/   / に発音、(   ) に意味を書きなさい。

should	because	problem	said	mouth
/シュッドゥ/	/ビコーズ/	/プラブレム/	/セッドゥ/	/マウス/
～した方がいい	なので、なぜならば	問題	言った	口
long	Shall I～?	remember	stories	girl
/ロング/	/シャル アイ/	/リメンバ/	/ストーリーズ/	/ガール/
悪い、間違えている	～しましょうか	覚えている	物語	女の子

1. (　　　　) _____ /　　　　/ _____ _____

2. /　　　/ _____ (　　　　) _____ _____

3. _____ /　　　/ _____ _____ (　　　　)

4. _____ (　　　　) _____ /　　　/ _____

5. _____ _____ _____ (　　　　) /　　　/

6. (　　　　) /　　　/ _____ _____ _____

7. /　　　/ _____ _____ _____ (　　　　)

8. _____ _____ (　　　　) /　　　/ _____

9. _____ (　　　　) _____ /　　　/ _____

10. _____ _____ _____ (　　　　) /　　　/

英鍛語マシーン

1年 1 組 氏名 _____

💣 _____ に単語、/ / に発音、( ) に意味を書きなさい。

*a*i*y	*a*h*r	*o*k	*o*h*r	*e*c*
/ファミリ/	/ファーダ/	/ワーク/	/マダ/	/ティーチ/
家族	父	働く	母	教える
*r*t*e*	*t*d*n*	*i*t*r	*t*d*	*h*
/ブラダ/	/ストューデント/	/スィスタ/	/スタディ/	/フー/
兄・弟	生徒	姉・妹	勉強する	だれ

1. (家族) family /ファミリ/ family family
2. /ファーダ/ father (父) father father
3. work /ワーク/ work work (働く)
4. mother (母) mother /マダ/ mother
5. teach teach teach (教える) /ティーチ/
6. (兄弟) /ブラダ/ brother brother brother
7. /ストューデント/ student student student (生徒)
8. sister sister (姉・妹) /スィスタ/ sister
9. study (勉強する) /スタディ/ study study
10. who who who (だれ) /フー/

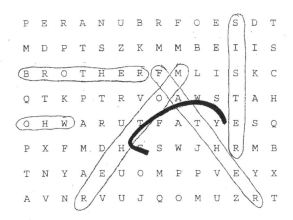

BROTHER   FATHER   MOTHER
SISTER   WHO

family	father	work	mother	teach
brother	student	sister	study	who

Lesson 2

B
- free 自由な、ひまな
- timing タイミング
- finish 終える
- done do, doesの過去分詞
- perfect 完璧な

I
- already すでに
- uniform ユニフォーム
- miss 〜しそこなう
- score 得点する
- softball ソフトボール
- half 半分
- point 点

N
- final 最後の
- ring 鳴る
- buzzer ブザー
- lost 失った
- rang 鳴った
- lose 失う

G
- cheer 励ます
- share 分かち合う
- diary 日記
- support 支える
- teammate チームメイト
- end 終わる

O
- forever 永遠に
- different 異なっている
- fall 秋
- cousin いとこ
- believe 信じる
- job 仕事

《速写50発》 〜ビンゴ編〜

※_____に単語、(　)に意味を書きなさい。

B	(　)	(　)	(　)	(　)	(　)
I	(　)	(　)	(　)	(　)	(　)
N	(　)	(　)	(　)	(　)	(　)
G	(　)	(　)	(　)	(　)	(　)
O	(　)	(　)	(　)	(　)	(　)

3年___組___番 氏名_____

AK－47

～質問ビシバシ編～

Class(　　) Name(　　　　　　　　)

	side A	side B	side C
1	Do you like △△?	君、△△好き？	Yes, I do. / No, I don't.
2	Do you have a △△?	君、△△持ってる？	Yes, I do. / No, I don't.
3	What do you want now?	今、何がほしい？	I want △△.
4	Does ○○ like tennis?	○○はテニス好き？	Yes, he (she) does. / No, he (she) doesn't.
5	Does ○○ play xx?	○○は××をするの？	Yes, he (she) does. / No, he (she) doesn't.
6	How is the weather?	天気はどう？	It's (　　　　).
7	What is your favorite xx?	君の一番好きな××は何？	My favorite xx is (　　　　).
8	When is your birthday?	誕生日はいつ？	My birthday is (　　)(　　).
9	Whose is this(that)?	これ／あれ、だれの？	It's ○○'s (mine).
10	Can you play xx?	××をすること、できる？	Yes, I can. / No, I can't.
11	Where do you live?	どこに住んでるの？	I live in (　　　　).
12	What time did you get up?	何時に起きたの？	I got up at (　　　　).
13	Where do you want to go?	どこに行きたい？	I want to go to (　　)(　　).
14	How many CDs do you have?	CDいくつ持ってる？	I have (　　　　) CDs.
15	Which do you like better, love or money?	愛とお金、どっちが好き？	I like (　　　　) better.
16	How old are you?	何歳？	I am (　　　　) years old.
17	What time is it now?	今、何時？	It's (　　　　).
18	What is your blood type?	血液型は何？	My blood type is (　　　　).
19	What day is it today?	今日、何曜日？	It's (　　　　).
20	Who is your best friend?	親友は誰？	(　　　　　　　　) is.

AK-47 ～質問ビシバシ編 その2～

side A / side B / side C

Class (　) Name (　　　)

#	side A	side B	side C
1	What time did you get up?	何時に起きたの？	I got up at (　　).
2	Where were you doing yesterday morning?	昨日の朝、どこにいた？	I was in (　　).
3	What were you doing yesterday?	昨日、何してた？	I was (　　　)ing (　　).
4	What are you going to do next Sunday?	今度の日曜、何する予定なの？	I'm going to (　　　　).
5	What do you call this(that)?	これ、何て呼ぶの？	We call it (　　).
6	Could you tell me the way to Kakio sta.?	柿生駅への道を教えてもらえますか。	Sure. / Sorry. I'm a stranger here.
7	What do you want to eat(drink…) now?	今、何食べたい？	I want to eat Yakitori.
8	What did you do last Saturday?	この前の土曜、何した？	I bought some CDs.
9	Why do you use a computer?	なんでコンピューター使うの？	I use a computer to play games.
10	Must you go home now?	今、帰らなくちゃいけないの？	Yes, I must. / No, I don't have to.
11	Do you think soccer is interesting?	サッカー、面白いと思う？	Yes, I think soccer is interesting. No, I don't think soccer is interesting.
12	Why do you go to school?	何で学校に行くの？	Because I have to study.
13	Is there a clock tower at your school?	学校に時計塔ある？	Yes, there is. / No, there isn't.
14	Which is stronger, Godzilla or King Kong?	どっちが強い、ゴジラ？キングコング？	Godzilla is stronger than King Kong.
15	Who is the fastest in your school?	学校で一番速いのは誰？	○○ is the fastest in my school.
16	Which is more beautiful, Kyoto or Tokyo?	どっちの方が美しい、京都？東京？	Kyoto is more beautiful than Tokyo.
17	Which subject is the most difficult for you?	君にはどの教科が一番むずかしい？	○○ is the most difficult for me.
18	Who is as tall(old, fast…) as ○○?	○○と背が同じくらいなのは誰？	△△ is as tall (old, fast…) as ○○.
19	Which do you like better, love or money?	愛とお金、どっちが好き？	I like (　　) better than (　　).
20	Who is your best friend?	親友は誰？	(　　　　) is my best friend.

パート17 ～質問ビンゴン編 その3～   Class(　) Name(　)

	side A	side B	side C
1	How long have you lived in Kawasaki?	川崎にどのくらい住んでるの？	I have lived in Kawasaki for eleven years.
2	What is he called?	彼、何て呼ばれてるの？	He is called *Jitsu*.
3	Do you know why Jewish people were killed?	なぜユダヤ人が殺されたのか知ってる？	Yes, I do. / No, I don't.
4	How many times have you ever been to Nara?	今まで奈良は何回行ったことがありますか。	I have been to Nara twice.
5	What do you want to do if you have much money?	たくさんお金があったら、何がしたい？	I want to buy a new bike.
6	Do you have anything to do?	何かやらなきゃいけないことあんの？	Yes, I do. / No, I don't.
7	Have you ever read *Wagahai wa nekodearu*?	「わが輩は猫である」って、読んだことある？	Yes, I have. / No, I haven't.
8	What did you eat for breakfast?	朝食に何食べた？	I ate two apples.
9	What is the subject (which) you like the best?	一番好きな教科って、何？	○○ is the subject I like the best.
10	Which is eaten in Asia, rice or a bread?	アジアではどちらが食べられてるの？米？パン？	Rice is eaten in Asia.
11	Is it difficult for you to understand math?	数学を理解するのはむずかしいですか。	Yes, I think so. / No, I don't think so.
12	Could you tell me who he is?	彼が誰だか教えてもらえますか。	Sure. He is ○○. / Sorry, I don't know.
13	What is the book written by Soseki?	漱石によって書かれたその本は何？	The book written by Soseki is *Botchan*.
14	Who is the boy who has a poster in his hand?	手にポスターを持っているその少年、誰？	○○ is.
15	What are you going to do next Saturday?	今度の土曜、何か予定ある？	I'm going to go to *Daiso* in Machida.
16	Have you finished your homework yet?	宿題、もうやっちゃったの？	Yes, I have. / No, I haven't.
17	Which city is the most beautiful in Japan?	日本ではどの都市が一番美しいですか。	I think (that) Kyoto is the most beautiful.
18	What do you drink when you are thirsty?	喉が渇いたとき、何か飲む？	I drink *Pepsi*.
19	Who is the boy riding a bike?	自転車に乗っているその男の子、誰？	The boy riding a bike is ○○.
20	Do you know how to make a paper crane?	鶴の作り方、知ってる？	Yes, I do. / No, I don't.

CHECK SHEET

Class ( )　Name ( )

* NO NEED TO ASK ALL THE QUESTIONS
* 2 MINUTES FOR EACH STUDENT

1	How is the weather? → It's cloudy. → Do you like cloudy days? / How about snowy days?	
2	Where do you live? → I live in Kurikidai. → Does it take 10 minutes to school? / How long does it take to school?	
3	What (color, food, TV program, drink, sport, anime) do you like? → I like blue. → Blue? How about green?	
4	What is your favorite ○○? → Me, too. And I like ○○. How about you? / But I don't like ○○. How about you?	
5	When is your birthday? → My birthday is March 6". → So you are 12 years old, right?	
6	Can you play any sports? → Yes, I do. → What sport is it?	
7	Do you have a sister/brother? → Yes. → How old is he/she? → Does your sister/brother like ○○?	
8	What time did you get up? → I got up at 7:00. → Do you usually get up at 7:00? / What time did you come to school this morning?	
9	Where do you want to go? → I want to go to Disney Land. → Where is it? Is it in Kawasaki?	
10	What do you want? → I want a pen. → A new pen? → Yes. → A black pen? A red pen? What color do you like?	
11	Which do you like better, ○○ or ○○? → Really? I like ○○ better than ○○. How about ○○? Do you like it, too?	
12	How old are you? → I'm 13 years old. → Do you have any brothers or sisters?	
13	What time is it now? → It's 9:25. → What time do you eat lunch today?	
14	What is your blood type? → B. → Do you know Mr. Izumi's blood type?	
15	What day is it today? → It's Monday. → Do you like Monday? / What do you like best? / What do you usually do on Sunday? / Which day do you like better, Saturday or Sunday?	

A+　　A　　B　　C　　C−　　Any Comments? _____

基本文を完成しよう！

*日本語に合う英文を完成しなさい。教科書を見てもいいです。

1年　　組　氏名　　　　　　　

1. 君，サッカー好き？ ＿＿＿＿＿＿＿＿＿＿＿＿＿＿＿？
2. 窓を開けてもいいですか。 ＿＿＿＿＿＿＿＿＿＿＿＿＿＿＿？
3. テレビ番組，何見る？ ＿＿＿＿＿＿＿program＿＿＿＿＿＿？
4. Emiはテニス好き？ ＿＿＿＿＿＿＿＿＿＿＿＿＿＿＿？
5. Mikeは野球をするの？ ＿＿＿＿＿＿＿＿＿＿＿＿＿＿＿？
6. 天気はどう？ ＿＿＿＿＿＿＿＿＿＿＿＿＿＿＿？
7. 君の一番好きな歌は何？ ＿＿＿＿＿＿＿＿＿＿＿＿＿＿＿？
8. 誕生日はいつ？ ＿＿＿＿＿＿＿＿＿＿＿＿＿＿＿？
9. 身長はどのくらい？ ＿＿＿＿＿＿＿＿＿＿＿＿＿＿＿？
10. これ，だれの？ ＿＿＿＿＿＿＿＿＿＿＿＿＿＿＿？
11. どこに住んでるの？ ＿＿＿＿＿＿＿＿＿＿＿＿＿＿＿？
12. 何時に起きたの？ ＿＿＿＿＿＿＿＿＿＿＿＿＿＿＿？
13. どこに行きたい？ ＿＿＿＿＿＿＿＿＿＿＿＿＿＿＿？
14. CDいくつ持ってる？ ＿＿＿＿＿＿＿＿＿＿＿＿＿＿＿？
15. 愛とお金，どっちが好き？ ＿＿＿＿＿＿＿＿＿＿＿＿＿＿＿？
16. 何歳？ ＿＿＿＿＿＿＿＿＿＿＿＿＿＿＿？
17. 今，何時？ ＿＿＿＿＿＿＿＿＿＿＿＿＿＿＿？
18. 血液型は何？ ＿＿＿＿＿＿＿＿＿＿＿＿＿＿＿？
19. 今日，何曜日？ ＿＿＿＿＿＿＿＿＿＿＿＿＿＿＿？
20. 親友は誰？ ＿＿＿＿＿＿＿＿＿＿＿＿＿＿＿？

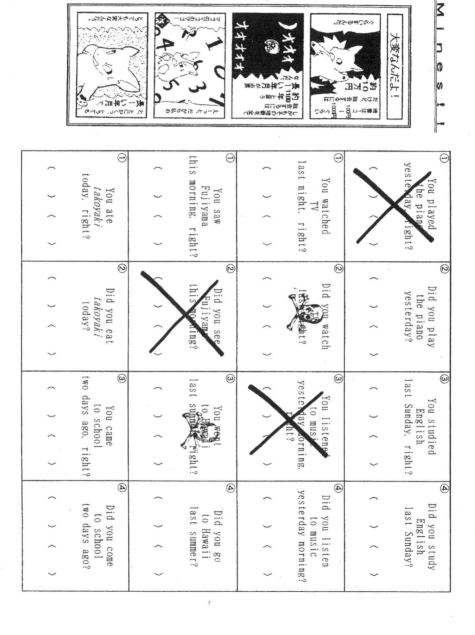

① You played the piano yesterday, right? ( )	② Did you play the piano yesterday? ( )	③ You studied English last Sunday, right? ( )	④ Did you study English last Sunday? ( )
① ( )	② Did you watch TV? ( )	③ You listened to music yesterday morning, right? ( )	④ Did you listen to music yesterday morning? ( )
① You watched TV last night, right? ( )	② ( )	③ You went to Hawaii last summer, right? ( )	④ Did you go to Hawaii last summer? ( )
① You saw Fujiyama this morning, right? ( )	② Did you see Fujiyama this morning? ( )	③ You came to school two days ago, right? ( )	④ Did you come to school two days ago? ( )
① You ate *takoyaki* today, right? ( )	② Did you eat *takoyaki* today? ( )		

Mines!!

1年___組　氏名_____

		自分	相手	
1. 対 [　　] 戦		[　]	VS. [　]	勝ち・負け・引き分け
2. 対 [　　] 戦		[　]	VS. [　]	勝ち・負け・引き分け
3. 対 [　　] 戦		[　]	VS. [　]	勝ち・負け・引き分け
4. 対 [　　] 戦		[　]	VS. [　]	勝ち・負け・引き分け
5. 対 [　　] 戦		[　]	VS. [　]	勝ち・負け・引き分け
6. 対 [　　] 戦		[　]	VS. [　]	勝ち・負け・引き分け
7. 対 [　　] 戦		[　]	VS. [　]	勝ち・負け・引き分け
8. 対 [　　] 戦		[　]	VS. [　]	勝ち・負け・引き分け

最終結果　　　勝　　　敗　　　引き分け

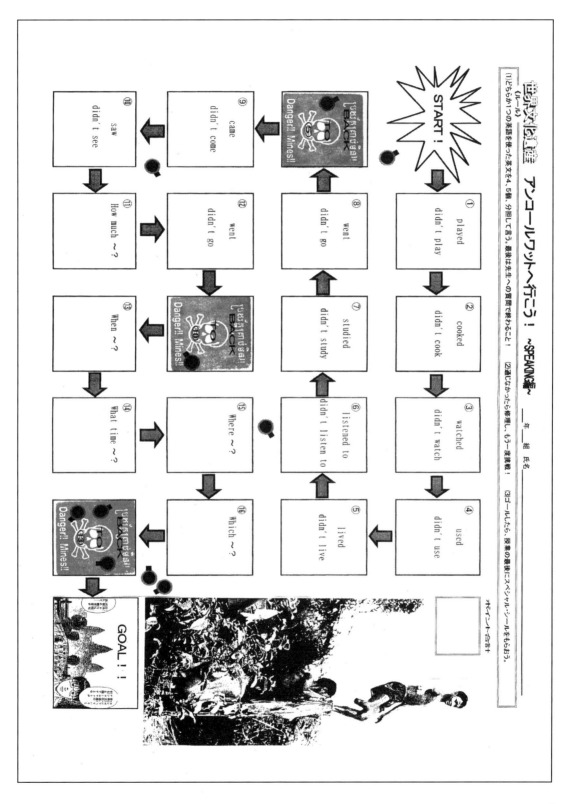

指示カード

君は今、ベトナムのホーチミンにある天后宮（日本の水天宮みたいなもの）にいる。見上げると、大きな茶色の渦巻がモクモクと煙をあげている。まず近くの人に、①英語を話すかどうか確認しよう。
確認したら、②これは何なのか、③渦巻にくっついているピンクの紙は何なのか聞いてみよう。

ベトナム南部のカントーにさっきバスで着いたばかりの君は今、銀色に輝く巨大な銅像を見上げている。このあご髭のじいさん、偉い人なんだろうか？　まず近くのベトナム人に、①英語を話すかどうか確認しよう。
確認したら、②彼の名前は何なのか、③何をした人物なのか聞いてみよう。

君は今、ベトナムのビンの街角で、竹刀の音にふと立ち止まったところだ。張り紙を見ると、やっぱ剣道じゃん！近くのベトナム人に、①英語を話すかどうか確認しよう。
確認したら、②剣道はベトナムでは人気があるのかどうか、③日本のスポーツは、他に何を知っているか聞いてみよう。

君は今、ベトナムのハノイで困っている。道に迷ってしまい、宿泊先のサイゴン・ホテルが見つからないからだ。すぐに、前を行くアオザイ姿のお姉さんに、①英語を話すかどうか確認しよう。
確認したら、②サイゴン・ホテルに行きたいが、③どうやって行けばいいか聞いてみよう。

君は今、ベトナムのミースエンで、顔の右半分が余りにひどい状態の女の子（？）を見かけたところだ。まず近くのベトナム人に、①英語を話すかどうか確認しよう。
確認したら、②この子の名前を知っているかどうか、③何でこの子はこんな顔をしているのか聞いてみよう。

君は今、ベトナムのハノイ郊外、タイ湖近くの市場で生々しい肉の固まりをじっと見ている。大きさといい、形といい、これが噂の犬肉だろうか？　すぐに店員に、①英語を話すかどうか確認しよう。
確認したら、②これは犬かどうか、そして、③ベトナムでは犬は多くの人々に食べられているのか聞いてみよう

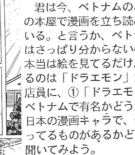
君は今、ベトナムのハノイの本屋で漫画を立ち読みしている。と言うか、ベトナム語はさっぱり分からないので、本当は絵を見てるだけ。見るのは「ドラえもん」だ。店員に、①「ドラえもん」はベトナムで有名かどうか、②日本の漫画キャラで、他に知ってるものがあるかどうかも聞いてみよう。

君は今、ベトナムのハノイで、この国の伝統的な水上人形劇（ウォーター・パペット・ショー）を見にいこうと考えている。まずホテルのフロントで、①それを伝えよう。
伝えたら、②パペット・ショーはどこで見ることができるのか、③何時にウォーター・パペットのショーは始まるのか聞いてみよう。

答えシート

DIOXIN

- Her name is Dung.
- Since 1964 until 1973, America attacked Vietnam. American airplanes and helicopters sprayed dioxin over Vietnam. Dioxin damaged her face.

TO HANOI

- It will take forty-four hours to Hanoi.
- The train will leave here at nine forty-five tomorrow morning.

HUNGRY

- Oh, you are hungry?
- Go to the bus turminal. You can find a lot of small restaurants there.

DORAEMON

- Doraemon is very famous.
- Other Japanese comics characters? Dragonball.

MAIL BOX

- This mail box is not international. It's only for Vietnam.
- So you should go to the post office.

INCENSE STICK

- It's something like Japanese o-senkou.
- We write our dreams on the pink paper.
- The dreams go up with smoke in the sky to gods.

SAIGON HOTEL

- Oh, you want to go to Saigon hotel?
- Go straight for ten minutes. And you'll find the hotel at your left side.

CYCLO

- You want to go to Trang Thien Bridge?
- Just one dollar.

WATER PUPPET SHOW

- You can enjoy our traditional water puppet show near here.
- The water puppet show starts at eight & nine o'clock every night.

WARRIOR STATUE

- He is Tran Hung Dao, our hero.
- Many years ago, Mongolia attacked Vietnam. But Tran Hung Dao counter-attacked and pushed back Mongolia.

KENDO

- Kendo is not so popular in Vietnam.
- Other Japanese sports? Ah, Karate and Jyudo are famous here.

DOG MEAT

- Yes. They are dogs.
- Some people in Vietnam eats dogs, but some don't. I never eat dogs.

指示カード

君は今、カンボジアのプノンペンにある公園で、巨大なピストルの彫刻を見ている。まず近くのカンボジア人に、①英語を話すかどうか確認しよう。
確認したら、②誰がこのピストルを作ったのか、そして③このピストルはどんな意味があるのか聞いてみよう。

君は今、カンボジアの南、プレイクララという村に来ている。日本に育った君にとって、横になっている仏像はどうにも変だ。まず近くのカンボジア人に、①英語を話すかどうか確認しよう。
確認したら、②なぜこの仏像は横になっているのか、③この国は、横になっている仏像が多いのか聞いてみよう。

君は今、カンボジアのバンテアイ・チュマールの地雷撤去現場に来ている。ちょうど地雷を掘り始めたところのようだ。まず、案内のカンボジア人に、①地雷を1個掘り出すのに、どのくらい時間がかかるのか、そして②カンボジアには現在、どのくらいの地雷が埋まっているのか聞いてみよう。

君は今、カンボジアのトムポックで、片足の子が川に飛びこもうとしているのに出くわしたところだ。地雷にやられたんだろうか？ まず近くのカンボジア人に、①英語を話すかどうか確認しよう。
確認したら、②この子の名前を知っているかどうか、そして③地雷が彼の足を奪ったのかどうか聞いてみよう。

君は今、カンボジアのプノンペンを流れるトンレサップ河に来ている。どうも目の前の看板は、高速船でベトナムに行けることを説明しているらしい。すぐに船会社の窓口に行き、①ベトナムのチャウ・ドックまで時間はどのくらいかかるのか、②料金はいくらか、③何時に出発するのか聞いてみよう。

君は今、カンボジアのバイクはホンダが多いらしいことに気がついたところだ。すぐに店のおっさんに、①英語を話すかどうか確認しよう。
確認したら、②カンボジアでは日本のバイクは人気があるかどうか、そして、③人気があるバイクのベスト3を聞いてみよう。

君は今、カンボジアのシェムリアップの公衆電話の前で困っている。まず近くのカンボジア人に、①英語を話すかどうか確認しよう。
確認したら、②日本に電話をかけたいことを伝え、③金はどこに入れればいいのか教えてもらおう。

君は今、カンボジアのタケオの小学校の前に来ている。見ると、子供たちは制服を着ているが、みんな裸足じゃないか。まず近くのカンボジア人に、①英語を話すかどうか確認してみよう。
確認したら、②カンボジアの小学生はみんな制服を着ているのか、③なんで子供たちは裸足なのか聞いてみよう。

答えシート

HUGE GUN	RECLINING BUDDHA
○Hun Sen, the boss of Cambodia built this big gun. ○Look at this part carefully. It's twisting here. It means "no guns in Cambodia".	○To relax perfectly. ○Not so many, I think. But there are some.
LANDMINE	**BOY WITH ONE LEG**
○It usually takes about two or three hours. ○There are about six million landmines left in Cambodia.	○Yes. I know his name. His name is Mar. ○Yes. A landmine took his leg off. He was unlucky. But he looks like a strong boy, doesn't he?
EXPRESS BOAT	**MORTORBIKE**
○It will take four or five hours to Chau Doc in Vietnam. ○The express boat leaves here at seven o'clock every morning.	○Japanese motorbike is very popular in Cambodia. ○The most popular ⟶ Honda The 2nd most popular ⟶ Honda The 3rd most popular ⟶ Honda
TELEPHONE	**ELEMENTARY SCHOOL**
○You can call Japan on this phone. ○You can't use money for this phone. Buy a phonecard at the post office or a supermarket.	○No. Only children in big cities wear school uniforms. ○Because it's very hot in Cambodia. It's cool with no shoes.
APSARA DANCE	**DUMPSITE**
○Yes. You can enjoy our traditional Apsara dance at a dance theater near here. ○Apsara starts at six o'clock every evening.	○Those children are looking for aluminum, plastic, glass bottles and so on. They take them to junk shops and get a little money. ○No. They don't go to school.

ああ言えばこう！

3 年 ___ 組 ___ 氏名 ___

(1)
(2) 2人組が基本だが、3人組や1人勝負もOK。
(3) それぞれが最低1つセリフを言い、どちらかが先生に質問する。
　　　 返ってきた答えに対応しつつ上手く会話をつなげてみよう。

1. solar power （太陽エネルギー）	2. a place in Japan you want to visit （日本で行ってみたいところ）	3. Osprey and Okinawa （オスプレイと沖縄）	4. a country you want to visit （行ってみたい国）	5. something you don't like （好きじゃないもの）
content: response:	content: response:	content: response:	content: response:	content: response:
6. winter vacation （冬休み）	7. juku （塾）	8. favorite food （好きな食べ物）	9. nuclear power station （原発）	10. The Diary of Anne Frank （アンネの日記）
content: response:	content: response:	content: response:	content: response:	content: response:
11. global warming （地球温暖化）	12. favorite subject （好きな教科）	13. favorite season （好きな季節）	14. your future （将来）	15. wind power （風力）
content: response:	content: response:	content: response:	content: response:	content: response:

___年___組　氏名_____

A-① You played the piano yesterday, right? — Yes, I did.
A-② Did you play the piano yesterday? — Yes, I did. ／ No, I didn't.
A-③ You studied English last Sunday, right? — Yes, I did.
A-④ Did you study English last Sunday? — Yes, I did. ／ No, I didn't.
B-① You watched TV last night, right? — Yes, I did.
B-② Did you watch TV last night? — Yes, I did. ／ No, I didn't.
B-③ You listened to music yesterday morning, right? — Yes, I did.
B-④ Did you listen to music yesterday morning? — Yes, I did. ／ No, I didn't.
C-① You saw Fujiyama this morning, right? — Yes, I did.
C-② Did you see Fujiyama this morning? — Yes, I did. ／ No, I didn't.
C-③ You went to Hawaii last summer, right? — Yes, I did.
C-④ Did you go to Hawaii last summer? — Yes, I did. ／ No, I didn't.
D-① You ate *takoyaki* today, right? — Yes, I did.
D-② Did you eat *takoyaki* today? — Yes, I did. ／ No, I didn't.
D-③ You came to school two days ago, right? — Yes, I did.
D-④ Did you come to school two days ago? — Yes, I did. ／ No, I didn't.

□ 過去のことを英語で書いてみよう！　　1年 6 組 氏名 _____

	規則変化動詞の場合	不規則変化動詞の場合
肯定文	「〜しました」は 動詞に ed くっつけて	「〜しました」は 動詞を go − went 変化させて
疑問文	Did 「しましたか？」	Did 「しましたか？」
否定文	didn't 「しませんでした」	didn't 「しませんでした」

(1) yesterday (2) last Sunday (3) this morning (4) last Saturday (5) yesterday (6) last week
(7) three days ago (8) last year (9) last night (10) last night (11) this morning (12) last night
(13) at eight today (14) yesterday morning (15) this morning (16) many years ago

(1) 肯 She played the piano yesterday. | 疑 Did she play the piano yesterday?
(2) They played badminton last Sunday. | Did they play badminton last Sunday?
(3) He played soccer this morning. | Did he play soccer this morning?
(4) They played baseball last Saturday. | Did they play baseball last Saturday?
(5) She cooked curry yesterday. | Did she cook curry yesterday?
(6) He played the guitar last week. | Did he play the guitar last week?
(7) He skated three days ago. | Did he skate three days ago?
(8) She skied last year. | Did she ski last year?
(13) She came to Africa at eight today. | 否 She didn't come to Africa at eight today.
(9) She watched TV last night. | She didn't watch TV last night.
(10) He used computer last night. | He didn't use computer last night.
(11) He listened to music this morning. | He didn't listen to music this morning.
(12) She studyed English last night. | She didn't study English last night.
(14) He saw Fujiyama yesterday morning. | He didn't see Fujiyama yesterday morning.
(15) She ate fish this morning. | She didn't eat fish this morning.
(16) They went to onigashima island many years ago. | They didn't go to Oni......

資 料 編

□「〜される、〜された」を英語で書いてみよう！   2年___組 氏名_____

「〜する、〜した」は 【〜される、〜された】が受け身形
受け身は be (is, am, are, was, were) に 過去分詞＋ by 時々 in

	現在	過去
数が1つ	is, am	was
2つ以上	are	were

(1) Chinese / spoken / China
(2) E.T. / made / 1982
(3) Udon & Soba / eaten / Japan
(4) Dogs / eaten / Korea & Vietnam
(5) Obama / supported / black people
(6) English / taught / many countries
(7) Anime / loved / young people
(8) "Harry Potter" / read / the world
(9) English & Chinese / used / Hong Kong
(10) Kyoto & Nara / visited / many people
(11) English / understood / the Phillippines
(12) Instant ramen & Cup men / invented / Japan
(13) A lot of people / killed / Tsunami
(14) Newspaper / recycled / Japan
(15) The story of Genji / written / Sei-shonagon
(16) Rice / eaten / Asia
(17) Hiroshima & Nagasaki / attacked / U.S.A

肯
( ) _____
( ) _____
( ) _____
( ) _____
( ) _____
( ) _____
( ) _____
( ) _____

疑
( ) _____
( ) _____
( ) _____
( ) _____

否
( ) _____
( ) _____
( ) _____
( ) _____
( ) _____

□関係代名詞による後置修飾節とその意味を書いてみよう。　3年___組　氏名_____

関代は「どういう～かというと」という意味で　人 who、物 which、人・物 that

1. the girl who has waited for the bus for twenty minutes　　　その少女、どういう少女かと言うと、バスを20分待っているその少女
2. the boy who has lived in Hokkaido since 1997　　　その少年 — 北海道に1997年から住んでいるその少年
3. the boys who have played soccer since this morning　　　その少年達 — サッカーを今朝からしているその少年達
4. the bus which has just come　　　そのバス — 今ちょうど来たそのバス
5. the girl who hasn't written 者 yet　　　その少女 — まだ答を書いていないその少女
6. the bus which hasn't come yet　　　そのバス — まだ来ていないそのバス
7. the boy who has skated three or four times　　　その少年 — 今までに3,4回スケートをしたことがある その少年
8. the girls who have never eaten a snake　　　その少女達 — 今までに1度もへびを食べたことがないその少女達
9. the girl who has sent a loveletter once　　　その少女 — 今までに1度ラブレターを送ったことがあるその少女
10. the boy who is making a poster　　　その少年 — ポスターを作っているその少年
11. the boy who is studying math　　　その少年 — 数学を勉強しているその少年
12. the boy who is talking on the phone　　　その少年 — 電話でしゃべっているその少年
13. the language which is spoken in Australia　　　その語 — オーストラリアで話されているその語
14. the sport which is loved in Japan　　　そのスポーツ — 日本で愛されているそのスポーツ
15.

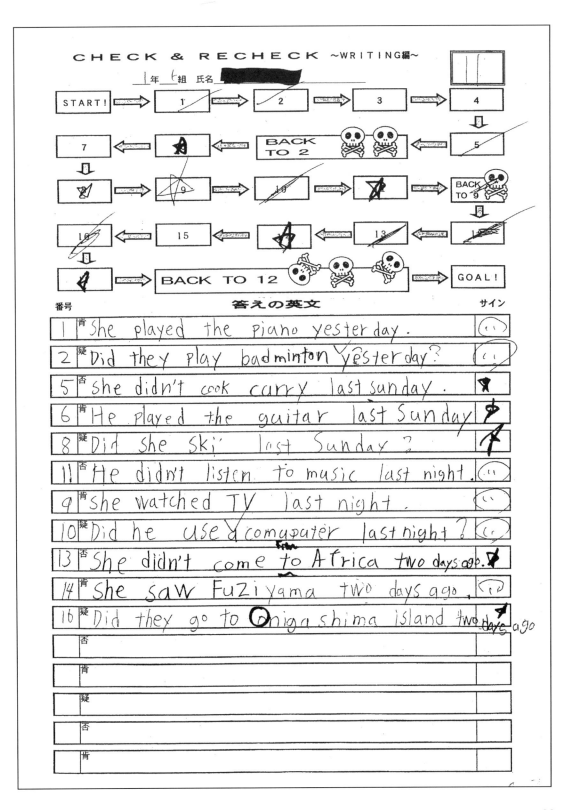

17. 右を正しい英文にしなさい。(and , when , Jack , Kyoto , Taku , visit , did)

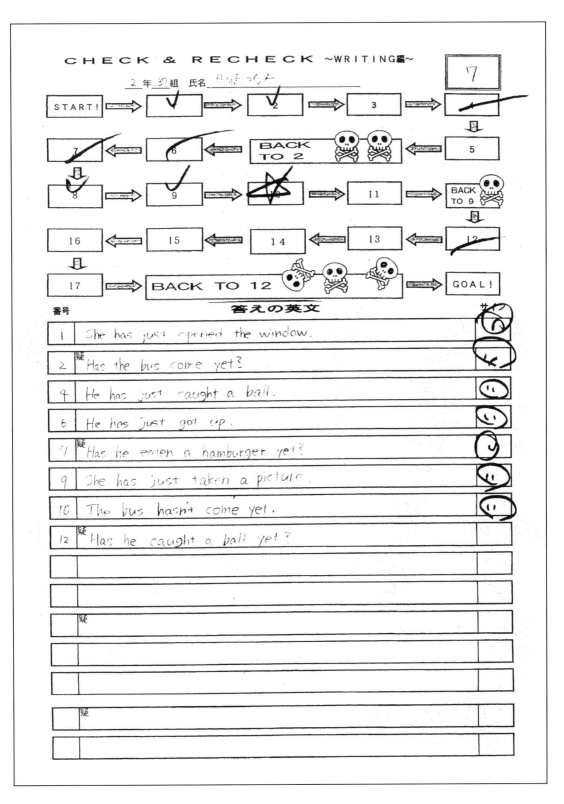

番号	答えの英文	サイン
	疑	
	疑	
	疑	
	疑	

基本文をものにしよう！

___年___組 氏名_____

□指定された英文を完全再生しなさい。

She Has Gone / Smokey Mountain

_____年_____組　氏名_____

1. In (　　) (　　) far away　　　　　　遠くぼくたちの村に
2. An enchantress (　　) one day　　　　ある日、派手に着飾った女がやってきて
3. Spinning bright and magical tales　　遠く離れた都会の、まばゆいだけで
4. Of a (　　) far away　　　　　　　　ありもしない話をまき散らした
5. Like my (　　) it would seem　　　　ぼくの姉と同じで、村の娘たちは皆、
6. All the village (　　) have dreams　都会への憧れを抱くものらしい
7. "(　　) please", she would plead　「父さん、お願い。私の夢をかなえさせて」
8. "Let (　　) realize my dreams"　　　姉は、そう言うのだった
9. (　　) village girls next day　　　 翌日、村の娘たち***人が
10. With their (　　) bags they came　　小さなバッグを手に集まってきた
11. 10 (　　) 15 year-old girls　　　　ジャックストーンなどの遊びに夢中になるような
12. Playing Jackstones, playing (　　) 10歳から15歳までの娘たちだった

　　お手玉に似た女の子の遊びで、小さなゴムまりがバウンドして落ちてくるのを受け取るまでに
　　地面にある小石、または鉄製のコンペイトウ形のものをひろう。

13. I've never seen (　　) that day　　姉の幸せそうな顔を
14. A sister's (　　) face　　　　　　　ぼくはその日まで見たことはなかった
15. As she waved to (　　) goodbye　　　「さよなら」と姉がぼくたちに手を振った時、
16. I could (　　) my mother cry　　　　ぼくは母の泣き声を聞いた

17. She has gone, she has gone　　　　　姉は行ってしまった　姉は行ってしまった
18. To the city of her dreams　　　　　　憧れの都会へと
19. She has gone　　　　　　　　　　　　姉は行ってしまった

20. It was night when they (　　)　　　娘たちが着いたのは夜だった
21. And the city's (　　) alive　　　　 都会は活気にあふれていた
22. Although very (　　)　　　　　　　　ひどく疲れていたけれど
23. The excitement they (　　) hide　　 高ぶる気持ちを娘たちは隠せなかった
24. To a diner they were (　　)　　　　 食事に連れて行かれ、
25. Food was plenty they were (　　)　 「好きなだけ食べなさい」と言われ、
26. And so then (　　) much thought　　 不審に思うことも、自分を抑えることもなく、
27. They devoured without (　　)　　　　娘たちは食事に飛びついた
28. It was night (　　) they awoke　　　目が覚めたのは夜だった
29. Day had (　　) and (　　)　　　　　　着いてから一日が過ぎていた
30. They (　　) themselves alone　　　　娘たちは、寒くて不潔な部屋に
31. In a (　　) and filthy room　　　　 自分たちが置かれていることを知った

32. They were not allowed to (　　)　　話をすることは許されず
33. They were not allowed to (　　)　　歩くことも許されず
34. They were (　　) told to (　　)　　待つようにとだけ言い置かれた
35. For whatever was their fate　　　　呼ばれるのを、ただ待つようにと
　　(17~19 refrain)

36. (　　)(　　) or so had passed　　　***年かそこらが過ぎたが、
37. There (　　) any word　　　　　　　けなげに書き綴られたハガキが何枚かと
38. Save for some (　　) postcards　　 しばらくして届いた幾らかの現金以外に
39. And some (　　) afterwards　　　　 家族への連絡はなかった

40. A girl came (　　) one day　　　　 ある日、娘たちの一人が村に戻ってきた
41. We (　　) hardly recognize　　　　 彼女の微笑みの裏に、実はボロボロに
42. Her (　　) face betrayed　　　　　 された心が潜んでいたことに
43. A wretched soul (　　)　　　　　　 ぼくたちは気づけなかった
44. She (　　) my sister (　　)　　　　彼女の話では、姉が連絡を取ろうとしなかったのは、
45. So painfully (　　) hide　　　　　 貧されてプライドを奪われ、人間としての
46. The fear, the (　　) pride　　　　 権利が否定された生活を家族に気づかれまいと、
47. The rights were (　　) denied　　　懸命に隠そうとしてのことだったらしい
48. (　　) of all her dreams　　　　　 憧れはすべて打ち砕かれ、
49. A (　　) (it had seemed)　　　　　 エイズ・ウィールスが（どうもうらしい）
50. Had (　　) all the gleam　　　　　 姉の何ものにも替えがたい人生から
51. From a life she (　　) redeem　　　あらゆる輝きを奪ってしまったのだった
　　(17~19 refrain)

52. Last night I woke up (　　)　　　　昨夜、うなされて目が覚めた
53. I didn't (　　) I was dreaming　　 家を出ていく姉（との別れの場面が
54. (A goodbye scene (　　) unfolding) よみがえってきて…）の夢を
55. Of a sister who was (　　)　　　　 見ていたのだった
56. And though that was (　　) ago　　 あれから***年が経ったけれど、ぼくは
57. I can't (　　) her gaze　　　　　　姉のあの眼差しを忘れることができない
58. As she (　　) towards the door　　 ドアに向かって姉が歩いていった時、
59. Tears were (　　) down her face　　涙が彼女の頬をつたっていた
　　(17~19/18, 19 refrain)

Check & Recheck!!
～聞き取り編～

※クラス番号と氏名を上下2ヵ所に書きなさい。

3年___組 氏名_____

14

1. _____ wanna _____
   俺は知りたい

2. _____ _____ _____ _____ _____ _____
   晴れた日に降ってくる雨を

3. _____ _____ _____ _____ _____ _____ ?
   お前は今までに見たことがあるかい

- -

チェック アンド リチェック!! ～聞き取り編～

3年___組 氏名_____

14

Lesson 185 比較級を使った表現 (8)
not as ~ as □ ⇄ -er than □

比較構文は、比較するもの同士の位置関係によって表現方法を逆にすることもできます。たとえば、①と②は、互いに逆の意味を持つ形容詞を使うことで、同じ内容を別の文で表現しています。この課では、この例のように別の言い方で同じ意味内容を表す比較構文を作る練習をします。

① Tom came earlier than John. (トムはジョンより早く来た)
② John came later than Tom. (ジョンはトムより遅く来た)

練習 185 例にならい、CDを聞いて空欄に書き入れなさい。

例 トムはケンほど背が高くない。 Tom is not as tall as Ken.
ケンはトムより背が高い。 Ken is taller than Tom.

1 このいすはあのいすほど大きくない。
This chair is not as big as that one.
あのいすはこのいすより小さい。
That chair _____ than that one. ... this one.

2 ハナはマリほど年上ではない。 Hana is _____ Mari.
マリはハナより年上です。 Mari _____ Hana.

I am heavier than you.

I'm not as heavy as you.

ことばの冒険 (161)

上の文は、このゾウが何よりも大きいと言っているのでしょう。もちろんこのソファとくらべてですね。このように、たとえば比較の相手が示されていなくても、形容詞は常に何か（だれか）と比べて使われているのです。

学展 185 not as ~ as 文と -er than 文の関係を学ぶ練習です。CDを聞いて空欄に書き入れなさい。

1 Ken is not so heavy as Taro. (ケンはタロウほど体重がない)
⇄ Taro _____ Ken.

2 Your bag is cheaper than mine. (君のカバンは僕のより安い)
⇄ Your bag _____ mine.

3 My room is smaller than yours. (僕の部屋は君の部屋より小さい)
⇄ My room _____ yours.

4 Jim didn't come as early as John. (ジムはジョンほど早く来なかった)
⇄ Jim _____ John.

5 Cheetahs are not so strong as lions. (チーターはライオンほど強くない)
⇄ Lions _____ cheetahs.

Lesson 220 現在完了の応用編(1) wh-語と現在完了 ① how

「how+現在完了」の練習です。この課では、特に「期間」や「回数」をたずねる①と「様子」をたずねる②の形を取り上げて練習します。

① How long have you been teaching at this school?
（どれくらいの期間、この学校で教えていますか。
＝この学校で教職をとってどれくらいになりますか）

② How's your cockroach doing, Mari? (How's = How has)
（マリ、君のゴキブリはどうしてる）

練習 220

506 how 疑問文の練習です。CDを聞いて空欄に書き入れなさい。

1 どうしていましたか。
How _____ been?

2 これまで何回ニューヨークに行きましたか。
How _____ have you been to New York?

3 ガスが止まってどれくらいになりますか。(off: 電気やガスが止まっている)
How long _____ been off?

4 結婚してどれくらいになりますか。
How long _____ married?

5 彼女は看護師として働き始めてどれくらいになりますか。
How long _____ as a nurse?

I've been doing very well. This is my family.

【ことばの冒険 (190)】

次の3つは、同じことをたずねています。③のように have を省略することもあります。答え方は決まっているわけではありません。例の答えは、互いに入れ替えてかまいません。参考にして自分で英文を楽しみましょう。③はスラング（俗語）です。かた苦しければ、①か②を使いましょう。
① How have you been? — Very well, thank you.
② How have you been doing? — I've been very busy these days.
③ How you been doing?

507 how long ~ でたずねる A と B の対話です。例にならいCDを聞いて空欄に書き入れなさい。

例 A: How long have you been in Japan? (日本に来てどれくらいですか)
   B: For about two years. (およそ2年になります)

1 A: How long _____ been in hospital?
   B: _____ (彼は入院してどれくらいですか)
   (彼は入院してどれくらいになる)

2 A: How's your father _____ these days? (およそ3週間になります)
   B: Not good. (先月から病気で寝ています)

3 A: _____ three weeks. _____ since last month.
   B: _____ studying Russian? (およそ父は元気？)
   (ロシア語を勉強してどれくらいですか)
   (2年以上になります)

| Lesson 3 | Check & Recheck ～本文理解編～ | 1 3 |

※クラス番号と氏名は、上下2カ所に書きなさい。

　　　3年___組　氏名_____

1. P.34の4～5行目、拓が I've enjoyed my stay …とか書いてるけど、その理由は何なわけ？
（　　）

2. P.35の1～2行目、Houston is ～ Space Center. を日本語に訳しなさい。
（　　）

3. 2～4行目、ホームステイ先のマイクさんは科学者だってことだけど、何を開発してるわけ？
（　　）

4. 4行目、Did you know ～ in space? を日本語に訳しなさい。
（　　）

5. このメールの最後の方を読み、右の質問に英語で答えなさい。Where is Taku going tomorrow?

_____

6. で、その目的は何なわけ？
（　　）

7. P.35の6行目、拓が Wow! とか言っている理由は何？
（　　）

8. P.37の7行目、拓が Wow とか言っている理由は何？
（　　）

9. 右の文を英語にしなさい。→ あなたは今までにインドに行ったことがありますか。※visited は使用禁止！

_____

10. 右の文を英語にしなさい。→ あなたはどのくらいインドにいるんですか。※lived は使用禁止！

_____

11. P.39の1行目、I didn't know that. の that って何のこと？
（　　）

12. P.40の8～9行目、マヤのおばあさんのソーニャさんが私に教えてくれたことって何？
（　　）

13. P.41の1～2行目、It's good ～ customs. を日本語に訳しなさい。
（　　）

| Lesson 3 | Check & Recheck ～本文理解編～ | 1 3 |

※クラス番号と氏名は、上下2カ所に書きなさい。

　　　3年___組　氏名_____

読解マシーン
〜１０段変速サクサク編〜

A Magic Box (p.32)

2年___組　氏名_____

■■■ あれこれ英単語句･･･Stage 1

No	語句	意味
1	man	男
2	wife	妻
3	work	
4	old woman	
5	thirsty	
6	hungry	
7	give	与える

■■■ 本文内容ズバリ予想･････････････････････････････････････Stage 2

■■■ ピンポイント・リスニング･･･････････････････････････････Stage 3

Q. 1　Where were the man and his wife working?

Q. 2　What did the old woman drink?

Q. 3　What did the old woman eat?

■■■ 中心テーマ簡単メモ･････････････････････････････････････Stage 4

■■■ 黙って読み･･･Stage 5

■■■ 声出し読み･･･Stage 6

／60語　➡　先生　➡　／60語
自分で　　　　　　　　ペアで

■■■ 重要表現 チェック&リチェック･････････････････････････････････Stage 7

☆ Could you give me some water?

　　　　　→ 意味は？（　　　　　　　　　　　　　）だよね。

（1）なるべく英文は見ないで、ブワーッと言ってみよう。　　/10秒

（2）ブワーッと書いてみよう。　　秒

1. ＿＿＿＿＿＿＿＿＿＿＿＿＿＿＿＿＿＿＿＿＿＿＿＿＿＿＿＿＿＿＿＿

2. ＿＿＿＿＿＿＿＿＿＿＿＿＿＿＿＿＿＿＿＿＿＿＿＿＿＿＿＿＿＿＿＿

3. ＿＿＿＿＿＿＿＿＿＿＿＿＿＿＿＿＿＿＿＿＿＿＿＿＿＿＿＿＿＿＿＿

4. ＿＿＿＿＿＿＿＿＿＿＿＿＿＿＿＿＿＿＿＿＿＿＿＿＿＿＿＿＿＿＿＿

■■■ あらすじピクチャー･･････････････････････････････････････Stage 8

A	B	C

[　　　　　　　　][　　　　　　　　][　　　　　　　　]

■■■ あらすじ再生 〜日本語編〜･･････････････････････････････････Stage 9

■■■ あらすじ再生 〜英語編〜･･･････････････････････････････････Stage 10

① (P.64, 65)

道案内

2年　　組　氏名　　　　　

① Excuse me. (　)
② Could you tell me the way to the post office? (　)
③ Sure. (　)
④ Go down this street (　)
⑤ and turn right at the second traffic light. (　)
⑥ You'll see it on your left. (　)
⑦ Thank you very much. (　)
⑧ You're welcome. (　)
☆ How can I get to the library? (　)
☆ I'm looking for the library. (　)
☆ I'm a stranger here. (　)

②

〖3人組バージョン〗

Excuse me.
Could you tell me the way to Kakio station?

              Sure. Go down this street and turn right at the second traffic light. You'll see it on your left.

How long will it take?

              About 20 minutes, I think. Do you want to use a bus?

No, I don't think so.
I'll walk.
Thank you very much.

              You're welcome.

〖2人組バージョン〗

Excuse me.
I'm looking for Kakio station.
Could you tell me the way to the station?

              Sure. Go down this street and turn right at the second traffic light. You'll see it on your left.

Thank you very much.

              You're welcome.

③

3年　　組　氏名

Chapter 1 Project

1
① A *yukata* is a summer cotton kimono. (　　)
② It is warm at summer festivals like *Bon-odori* or fireworks festivals. (　　)
③ We feel cool when we wear it. (　　)
④ *Tanabata* is the Star Festival. (　　)
⑤ It held on July 7th. (　　)
⑥ We write our wish on a small piece of paper. (　　)
⑦ We put it on a branch of a bamboo tree. (　　)
⑧ Origami is paper folding. (　　)
⑨ Most children in Japan enjoy origami. (　　)
⑩ We only use a small piece of paper. (　　)
⑪ We can make a lot of things like flowes, bird, and animals. (　　)

世界は君を待っている ～映像と長文で巡る世界の現場～

|映像|　　　『ゴミ捨て場の子供たち』

3年___組 氏名_____

※（　　　　　　）に当てはまる言葉や数字を書き入れなさい。

1．フィリピン・首都マニラでは、成人男女の失業率は（　　　　　　）％を優に超えている。ここでは大人たちに混じり、多くの子どもたちが（　　　、　　　）歳から働いている。

2．このゴミ捨て場の周りには（　　　　　　）世帯、（　　　　　　　）人が勝手に住みつき、再生可能なビン・缶・鉄・真ちゅう・スクラップなどを拾い、その日のうちに転売し、1日に日本円で（　　　　　　）程度のお金を稼ぎ、食べていくことさえギリギリの生活を送っていた。

3．ノーラ（27歳）は（　　　　　　　）前にもかかわらず、夫と娘とゴミの来ていないゴミ捨て場でゴミの残りかすを拾うしか生活手段がなかった。

4．ノーラの家族の夕食は米と（　　　　　）だけだ。

- - - ニーニャ（12歳） - - -
以前は毎日、米と魚の食事ができたし、ゴミがたくさん拾えた時は（　　　　　）も買えました。今はゴミがないので困っています。
最近は（　　　　　）や葉っぱしか口にしていません。

5．ニーニャの家族の食事は芋と（　　　　　）だけだ。

- - - アレックス（5歳） - - -
アレックスはこのゴミ捨て場に生まれ、5歳になるのにまだ歩けません。
今は（　　　　　）の父と母、兄弟の5人で、この家族もまたゴミがもどってくるのを待ち続けていた。

・何か食べたい？―（　　　　　　）。

・今の生活、どう？―た…（　　　　　　）。

6．アジアにはこのようなゴミ捨て場が各地にあり、マニラだけで（　　　　　　）人以上がゴミを生活の糧にして生きている。

7．ゴミ捨て場の5歳未満の幼児死亡率は（　　　　　　）％以上と言われ、多くの子どもたちが死んでいく運命である。

Payatas in the Philippines

(1)

Payatas is a *dumpsite in the Philippines. There is so much *garbage there. It is as high as a ten-story building now.

(2)

The people in Payatas are very poor. Most of them live in small *shacks. The people look for *aluminum, plastic, *glass bottles and so on. They take them to *junk shops and get a little money.

(3)

Children usually begin working when they are just seven or eight years old. They go up the mountain of garbage with their families every day. Children sometimes do this with no shoes on. So they often hurt *themselves. This is a *dangerous work.

(4)

On August 13, 2010, Payatas became the most dangerous place for children. A *dead body of a seven or eight year-old was found there early in the morning. The small body didn't have eyes, a *heart or *kidneys. They were all cut away. And there was a *10,000 pesos bill on the body. People believe that the child was *kidnapped and killed for *organ transplantation. This sometimes *happens to the poorest families in the Philippines today.

Payatas: パヤタス
Philippines: フィリピン
dumpsite: ゴミ捨て場
garbage: ゴミ
shack: 掘っ立て小屋
aluminum: アルミ　glass: ガラス
junk shop: リサイクル店
themselves: 彼ら自身　dangerous: 危険な
dead body: 死体
heart: 心臓　kidney: 腎臓
10,000 pesos bill: 1万ペソ札（約2万円）
kidnap: 誘拐する　organ transplantation: 臓器移植　happen: 起こる

映像と長文で巡る世界の現場　～フィリピン編～

Payatas in the Philippines
～怒濤の質問編～

3年___組　氏名_____

|12|

映像 1．パヤタスのゴミ捨て場に住むノーラやニーニャの家族の食事は、米や芋に（　　　　　　　）をつけて食べるだけである。

2．アレックスは（　　　　　　）症のために、5歳になっても歩くことができない。

長文 3．(1)の2～3行目、パヤタスのゴミ捨て場の巨大さはどう表現されていますか。
（　　）

4．(2)の3～4行目、They take ～ little money. を日本語に訳しなさい。
（　　）

5．(3)の1～2行目、何歳くらいで子どもたちは働き始めますか。
（　　）

6．5行目に「危険な仕事」とありますが、どうして危険なんですか。
（　　）

7．(4)の1～2行目、パヤタスは子どもたちにとってどういう場所になりましたか。
（　　）

8．4～6行目、発見された遺体の状況について、その特徴を4つ書きなさい。
（　　　　　　　　　　　　　　　　）（　　　　　　　　　　　　　　　　）
（　　　　　　　　　　　　　　　　）（　　　　　　　　　　　　　　　　）

9．8行目、This sometimes …とありますが、この This とはどういう事ですか。日本語で説明しなさい。
（　　）

10．映像や長文を通して、何か思うことがあれば書きなさい。

映像と長文で巡る世界の現場　～フィリピン編～

Payatas in the Philippines
～怒濤の質問編～

3年___組　氏名_____

|12|

世界は君を待っている ～映像と長文で巡る世界の現場～

映像 # チェルノブイリ

3年＿＿＿組　氏名＿＿＿＿＿＿＿＿＿＿＿＿＿＿＿

※（　　　　　）に当てはまる言葉や数字を書き入れなさい。

1. １９８６年４月２６日、ウクライナ共和国で発生したチェルノブイリ原発爆発は、（　　　　　）トンの放射性ウラニウムと放射性黒鉛を空気中に拡散した。

2. チェルノブイリ住民はヒロシマ原爆の（　　　　　）倍もの放射能を体に受けている。

> **医師の話**
> チェルノブイリ事故当時に幼少期や思春期だった子どもたちがちょうど（　　　　　）多発の年齢層と重なります。

> **女の子の話**
> １９８６年４月３日生まれです。チェルノブイリ事故は同じ年の４月２６日でした。だから…そのせいで（　　　　　）の病気があるのです。

3. チェルノブイリ事故後のゴメリ地方の甲状腺がん発生率は（　　　　　）に増加した。

> **チェルノブイリの放射能が原因でしょうか？**
> 放射能の影響ばかりとは断定できませんが、（　　　　　）は増加傾向にあるし、（　　　　　）の破損も増えています。

4. １９８６年４月２６日のチェルノブイリ事故以来、障害児の発生率は（　　　　　）倍に膨れ上がった。

5. 歌手ナターシャ・グジーは（　　　　　）年に来日し、日本各地でコンサート活動をしている。

6. チェルノブイリ原発が爆発したとき、ナターシャは（　　　　　）歳だったが、父親が原発で働いていたので原発からわずか（　　　　　）kmのところに住んでいた。

7. 事故について知らされたのは翌々日だった。荷物を持たずに、（　　　　　）だけ避難するよう告げられた。

> **ナターシャの願い**
> 人間は忘れることによって（　　　　　　　　）をくり返してしまいます。
> （　　　　　　　）を忘れないで下さい。
> （　　　　　　　　）をくり返さないで下さい。

Chernobyl Children

(1)

Early on April 26, 1986, a *nuclear power station at Chernobyl *exploded and got on fire. 5,000 tons of *sand, *lead and *concrete were dropped by helicopters to stop the fire. This continued for 14 days. On May 10, the fire stopped at last. A lot of *radioactivity *escaped into the *air. The *radioactive dust carried by the wind *flew all over Europe. It was also found in vegetables, water and *breast milk in Japan, 8,000km away from Chernobyl.

(2)

In *Pripyat, about three kilometers from Chernobyl, most people heard about the *accident the same day it happened. But people didn't worry. It was a sunny day. Mothers were outside playing with their babies, and children went to school *as usual. Next day Natasha and her sisters were going to a puppet show at *Kiev. But suddenly, their mother said, "No *puppet show today." They took nothing with them and went to her grandmother's house. Then they moved to an apartment house in Kiev, about 120 kilometers from Chernobyl.

(3)

In Kiev, Natasha *entered an elementary school. When Natasha was eight years old, her friend *Andrey from Kiev *died. And most of the Pripyat children became sick. *Iodine-131 caused this. Men and women are usually *safe from Iodine-131, but children are not. Iodine-131 gives great *damage to them. Many childen are now suffering from *thyroid cancer or *organ-dysfunctions.

(4)

Natasha says, "That beautiful forest near my house has gone. My house has gone. There is nothing left there now. They were all buried under the ground to stop radioactivity. I still love that Pripyat. But I've never been there since that day. Please don't repeat the same mistake again. Don't forget this *tragedy, please."

資 料 編

映像と長文で巡る世界の現場　～ウクライナ編～

Chernobyl Children
～怒濤の質問編～

　　3年___組　氏名_____

|15|

映像　1．(　　　　　　　)を忘れないで下さい。(　　　　　　　　　　)をくり返さないで下さい。

長文　2．(1)の4行目、This continued for 14 days. とありますが、何が continue したわけ？
　　　（　　）

3．7～8行目、It was also ～ from Chernobyl. を日本語に訳しなさい。It は「放射性の灰」と訳すこと。
　（　　　）

4．(2)の3～4行目、事故当日、普段の生活と変わらなかったことは何？
　（　　　）
　（　　　）

5．「今日の人形劇はなし」という母の一言で、ナターシャたちはその後どうしたの？
　（　　　）
　（　　　）

6．(3)の1～3行目、キエフの小学校に入学したナターシャのまわりで起きた事とは何？
　（　　　）
　（　　　）

7．3～6行目、ヨウ素131が人体に及ぼす影響について書きなさい。
　（成人男女の場合→　　　　　　　　　　　　　　　　　　　　　　　　　　　　　　　　　）

　（子どもの場合→　　　　　　　　　　　　　　　　　　　　　　　　　　　　　　　　　　）

8．(4)の3～4行目、I've never ～ that day. を日本語に訳しなさい。
　（　　　）

9．(4)で、2度と故郷にもどれないナターシャの願いは何ですか。
　（　　　）
　（　　　）

10．映像や長文を通して、何か思うことがあれば書きなさい。

| |
| |
| |
| |

映像と長文で巡る世界の現場　～ウクライナ編～

Chernobyl Children
～怒濤の質問編～

　　3年___組　氏名_____

|15|

世界は君を待っている ～映像と長文で巡る世界の現場～

映像 マララ・ユスフザイさん

3年___組 氏名_____

※（　　　　　）に当てはまる言葉や数字を書き入れなさい。

1．パキスタン・タリバン運動（＝TTP）とは、（　　　　）年に発足したパキスタン最大のイスラム過激派組織をいう。

2．西洋的な男女平等を否定し、「男性は女性の保護者」だとするイスラム教の聖典コーランの一節を極端に解釈し、女性は「家にいるべきだ」と主張。女性の（　　　　）や（　　　　）も認めていない。

---- マララさん銃撃事件に巻きこまれたシャジア・ラムザンさん（13歳）----
私もこの手と肩を銃撃されました。突然の出来事で（　　　）でいっぱいでした。（　　　）を考えると気軽に外出もできません。

---- マララさんと一緒に銃撃されたカイナット・リアズさん（16歳）の父親 ----
娘は事件で心が（　　　）になっていて、夜中に（　　　）こともあります。（イスラマバードへの）転校で少しでも落ち着いてくれればと期待しているのです。

---- 爆破された中学校に通うビスマ・グルさん ----
教室は全てが壊されました。何も残っていません。なぜ学校が壊されなければいけないの？（　　　）を受けるのは私たちの（　　　）です。

3．パキスタンで、この10年間で過激派に攻撃された学校は（　　　　）に上る。

---- 国連でのマララさんのスピーチ ----
・過激派たちはいつも本とペンを恐れています。教育の力を恐れています。彼らは女性たちの声の力を恐れています。だからクエッタで14人の（　　　）たちを、カイバル・パクトゥンクワ州で（　　　）たちを殺害したのです。毎日学校を爆破しているのもそのためです。
・世界の多くの地域、とくに（　　　　）と（　　　　）ではテロ・戦争・紛争のために子どもたちは学校に通えません。
・（　　　　）ではあどけない子どもたちが児童労働の犠牲になっています。
・（　　　　）ではたくさんの学校が破壊されました。
・アフガニスタンの人々は何十年も過激派に苦しめられています。幼い女の子たちは家庭で（　　　）、幼くして結婚を（　　　）されています。
・一人の（　　　）、一人の（　　　）、一冊の（　　　）、そして一本の（　　　）が世界を変えられるのです。教育こそ、ただ一つの解決の道です。まずもって教育です。

長文 *Malala Yousafzai of *Pakistan

(1)

In July 1997, Malala Yousafzai was born in *Swat valley in Pakistan. Swat valley was a quiet and *peaceful place. But in 2009, the *Taliban became *powerful there. And soon the Taliban *soldiers began *hurting schoolgirls, killing *female teachers and *destroying all-girls schools with *bombs because the Taliban thought that *education is only for the boys.

(2)

It became very *dangerous for girls to go to school every day. So Malala didn't go to school for many days. She had to stay home because it was also dangerous to walk out. She was twelve years old then. At that time she wrote a diary in English and sent it to *BBC for its website. She wrote what was happening in her hometown under the Taliban.

Later when *peace came back, Malala's diary and her opinion about girls were read in *local and international newspapers and she *appeared on TV. Through TV, she said to the people in Pakistan, "Education is the most important and all the children need it."

(3)

On hearing this, the Taliban didn't want her on TV and newspapers any more. The Taliban decided to kill her.

October 9, 2012 was a *dark day for *Pakistani people. When Malala was coming back home from school, she was *attacked. Two Taliban men attacked her on her school bus. She *was shot in the head. She was first taken to a hospital in Swat, but later on she was carried to a bigger hospital in *Peshawar and then to *Rawalpindi. She was *unconscious for 10 days, but on the 11th day she at last opened her eyes. She was sent to a hospital in *the U.K. for much more care. Malala was getting better *little by little.

She is now back at school and continues to *appeal to all the children for the *right to education.

(4)

On July 13, 2013, she was invited to the *United Nations in New York and made a *speech there. In her speech, she said, "One child, one teacher, one book and one pen can change the world." She was only sixteen years old then. Malala is still working for children's rights today.

映像と長文で巡る世界の現場　～パキスタン編～

Malala Yousafzai of Pakistan
～怒涛の質問編～

3年___組　氏名_____

15

映像 1. 一人の子ども、一人の先生、一冊の本、そして一本のペンが世界を変えられるのです。（　　　　）こそ、ただ一つの解決の道です。

長文 2. (1)の3～5行目、タリバンがスワート渓谷で始めたことは何？ 3つな。
（　　　　　　　　　　　　　　　　　　　　　　　　　　　　　　　　）
（　　　　　　　　　　　　　　　　　　　　　　　　　　　　　　　　）
（　　　　　　　　　　　　　　　　　　　　　　　　　　　　　　　　）

3. タリバンがそういうことをした理由は何？
（　　　　　　　　　　　　　　　　　　　　　　　　　　　　　　　　）

4. (2)の1～2行目、危険なために外にも学校にも行けなかったマララさんはBBCのウエッブ・ページに日記を書いて送ったとあります。どんな内容の日記だったの？
（　　　　　　　　　　　　　　　　　　　　　　　　　　　　　　　　）

5. (3)の1行目、On hearing this（これを聞いて）とありますが、「これ」って何？
（　　　　　　　　　　　　　　　　　　　　　　　　　　　　　　　　）

6. 1行目、the Taliban didn't want her on TV and newspapers any more を日本語に訳しなさい。
（　　　　　　　　　　　　　　　　　　　　　　　　　　　　　　　　）

7. 1～2行目、The Taliban decided to kill her. を日本語に訳しなさい。
（　　　　　　　　　　　　　　　　　　　　　　　　　　　　　　　　）

8. 3行目以下を読み、マララさん銃撃事件のあらましについて、以下を完成しなさい。
①2012年10月9日、下校途中のマララさんが（　　　　　）に乗っていたところ、（　　　　　）を銃撃された。

②彼女はスワート、ペシャワール、そしてラワルピンジの病院に運ばれて治療を受けたが、10日間意識はもどらなかった。しかし11日目に（　　　　　　　　　　　　　　　　　）。

③その後、彼女はイギリスの病院に（　　　　　　　　　）のために移送された。

④彼女は少しずつ（　　　　　　　　　）。

9. (4)の1～2行目、2013年7月13日にマララさんはどうしたとありますか？
（　　　　　　　　　　　　　　　　　　　　　　　　　　　　　　　　）

10. 映像や長文を通して、何か思うことがあれば書きなさい。

映像と長文で巡る世界の現場　～パキスタン編～

Malala Yousafzai of Pakistan
～怒涛の質問編～

3年___組　氏名_____

15

文法事項の前さばき

《1年》

be動詞現在　　　is、am　　is、am、are　　「いる、ある、です」　「いる、ある、です」
佐久間のキャ　　　is、am　　is、am、are　　「いる、ある、です」の is、am、are
ンロップのメ　　　I am　You are　He is　She is　It is
ロディーで　　　　They are　&　We are
　　　　　　　　　is、am　　is、am、are　　「いる、ある、です」の is、am、are

be動詞現在の疑問文&否定文　is、am、are　　一番前なら疑問文　「すか？」「すか？」
七五調で　　　　　　　　　　　notが続くと否定文　「ない！」「ない！」

do、doesの疑問文&否定文　doとdoes　　一番前なら疑問文　「すか？」「すか？」
七五調で　　　　　　　　　　notが続くと否定文　「ない！」「ない！」

現在進行形　　進行形　　進行形　　be動詞　　進行形　　進行形　　is、am、are
燃焼系アミノ式　is、am、are＋動詞ing　　　　進行形　i・n・g　「〜しています」
のメロディーで　　　　　　　　足す　　イング　　　　　　アイ　ヌ　ジー

can　　　can　　can　　can not　　can not　　can not
佐久間の　　can　　can　　can not　　できる　できない　can not
キャンロ　　I can　You can　He can　She can　It can
ップのメ　　They can　&　We can
ロディー　　can　　can　　can not
で　　　　　I can sing "Can Can not Song".

過去形…規則変化動詞　「しました」は　動詞にed　くっつけて
七五調で　　　　　　　Did「しましたか」　didn't「しませんでした」

過去形…不規則変化動詞　「しました」は　動詞を go-went 変化させて
七五調で　　　　　　　　Did「しましたか」　didn't「しませんでした」

代名詞　　　　　単数　　　　　　　　　複数
「もりのく　I my me mine　　　　　　we our us ours
まさん」か　you your you yours　　　you your you yours
「聖者の行　he his him his　　　　　they their them theirs
進」のメロ　she her her hers
ディーで　　it its it

《2年》

be動詞過去　is、am、are　不規則変化して　wasとwere
七五調で　　　　　　　「いた、あった、だった」の　wasとwere

過去進行形　「〜していた」は　wasとwereを　使い分け
七五調で　　　was、were　＋　動詞にing
　　　　　　　　　　　　プラス　　　アイエヌジー

There is, are　「いる、ある」は　isとareを使い分け
七五調で　　　　There is、There are　　場所にはinやonやunder

| will, be going to | 「するだろう」「するつもりです」と　言うときは |
| 七五調で | 動詞をwillや　be going toに　くっつけるなり |

| 助動詞 | Could you?　Shall I?　May I?　must |
| 早口で | mustn't　have to　don't have to |

| 不定詞 | toの意味は4種類　「〜すること」「〜するために」「〜するための」「に、へ」 |
| 早口で | |

| 接続詞 that | I think　「私は思う」の　I think |
| | どう思ってるかは　接続詞　thatの右側 |

| Why−Because | 「なぜ、どうして？」　人に理由を聞くときは |
| 七五調で | Whyで聞いて　Becauseで答えるなり |

比較	物をあれこれ比べるときは　as □ as　□er than　more □ than
七五調で	（アー）
	the □est of all　the most □ of the four
	（エストゥ）

| 接続詞 | 接続詞　文と文つなげる　接続詞 |
| 七五調で | if、when、because　「もし、とき、なので・なぜならば」 |

《３年》

受け身	「する」「した」は　「される」「された」が　受け身形
七五調で	受け身はbeに　過去分詞＋by　時々in
	（タス）

| 完了 | 完了は　has、have＋過去分詞 |
| 七五調で | just入れたか　「まだ」なら　not〜yet |

| 継続1 | 継続は　has、have＋過去分詞 |
| 七五調で | How longで聞いて　「どのくらい〜してるんですか〜〜〜ッ？」 |

| 継続2 | 継続は　has、have＋過去分詞 |
| 七五調で | How longで聞いて　for、sinceで答えるなり |

| 経験1 | 経験は　has、have＋過去分詞 |
| 七五調で | everで聞いて　「〜したことありますか〜〜〜ッ？」 |

| 経験2 | 経験は　has、have＋過去分詞 |
| 七五調で | everで聞いて　once, twice(two times), many times, never |

| It〜for〜to〜 | It's easy とか　先に言っといて |
| 七五調で | 何がどうやさしいのかは　for, to の右側 |

| 関係代名詞1 | 関代は　「どういう〜かと言うと」という意味で |
| 七五調で | 人 who　物 which　人・物 that |

| 関係代名詞2 | 関代は　「どういう〜かと言うと」という意味で |
| 七五調で | 人 who　物 which　人・物 that　「〜が」 |

関係代名詞を攻める　その5

3年　　組　氏名　　　　　

1. その少年，どういう少年かと言うと，数学を勉強しているその少年は宿題がたくさんあります。(a lot of / do / homework / to / has)
   the boy that is studying math

2. その言語，どういう言語かと言うと，オーストラリアで話されている言語に興味があるんですか。(you / in / interested / are)
   the language which is spoken in Australia

3. そのバス，どういうバスかと言うと，ちょうど今来たバスは町田駅に行くと思います。(Machida station / I / go / will / to / think)
   the bus which has just come

4. その少年，どういう少年かと言うと，電話で話しているその少年は，昨夜12時まで英語を勉強しました。(last night / 12:00 / studied / until / English)
   the boy who is talking on the phone

5. その少年，どういう少年かと言うと，北海道に1997年から住んでいるその少年は来年，川崎に引っ越す予定です。(move / next year / Kawasaki / will / to)
   the boy who has lived in Hokkaido since 1997

6. その女の子たち，どういう女の子たちかと言うと，アイスクリームを食べようとしているその女の子たちは，蛇はかわいいと思っています。(think / snakes / that / cute / are)
   the girls who are going to eat icecream

7. ユダヤ人，どういう人たちかと言うと，ナチに殺されたユダヤ人は生きたかったんだと私は思います。(live / think / to / I / wanted)
   the Jewish people that were killed by the Nazis

8. その本，どういう本かと言うと，漱石によって書かれたその本をあなたはもう読みましたか。(yet / read / you / have)
   the book that was written by Soseki

3学年 前期 英語科 中間テスト 実施日 2012/6/19

答えはすべて解答用紙に書きなさい。

1 【関心・意欲】日本文に合うように、(　　)に適する語を書きなさい。
a. ニシンそばは京都中で食べられていますか。　Is nishin-soba (　　) anywhere in Kyoto?
b. 私たち、永遠に友だちです！　We'll be friends (　　).
c. また会いましょう。　See you (　　).
d. ゆかたは夏に着（られ）ます。　Yukata is (　　) in summer.
e. 心配するなって。　Don't (　　).
f. 励ましてあげようよ。　Let's (　　) her up.
g. 何か付け加えること、ありますか。　Do you have anything to (　　)?
h. 君のおばあさん、すごく若く見えるね。　Your grandmother looks very (　　).
i. 『坊ちゃん』は漱石によって書かれました。　Botchan was (　　) by Soseki.
j. 雨だってことに気がつきませんでした。　I didn't (　　) that it was rainy.

2 【関心・意欲】日本文に合うように、(　　)に適する語を書きなさい。
a. 誰があなたに泳ぎ方を教えましたか。
　Who (　　) you (　　)(　　) swim?
b. 京都は日本の最も古い都の一つとして知られています。
　Kyoto is (　　)(　　) one of the oldest cities in Japan.
c. この建物は聖徳太子によって建てられました。
　This building (　　)(　　) by Prince Shotoku.
d. 私たちはベストをつくしましたが、その試合に負けました。
　We (　　) our (　　), but we (　　) the game.
e. 次に何をしたらいいか教えてくれませんか。
　(　　) you tell me (　　)(　　)(　　) next?

3 【表現の能力】3年生になったら少しは大人になるものですが、彼はまったく変わりません。教科書の29ページを今度はシンボル・ボードのオレンジ色の絵の具で汚しました。廊下とかですれ違ったら、彼の顔をジーッと見てやって下さい。「ぼくがやりました」って書いてありますから。絵の具で見えなくなってしまった部分の単語を再生しなさい。

> My teammates and I ■■■ good times and bad times. ……①
> When practice was hard, we ■■■ each other. ……②
> I can't ■■■ our junior high basketball days have ■■■ ended. ……③
> That ■■■ me sad. ……④
> But our school life ■■■ finished ■■■. ……⑤

4 【表現の能力】それぞれの指示に合う英文を完成しなさい。
 a. That's amazing. が答えになるような英文

 b. Thanks. が答えになるような英文

 c. Yes, I have. が答えになるような英文

5 【理解の能力】アフリカ（Africa）のマラウイ（Malawi）に住むウイリアム・カムクワンバ（William Kamkwamba）について次の文を読み、下の設問に答えなさい。

Malawi is a small country in Africa. People in Malawi are poor. *For example, ア more than 90% of people have no *electricity. They don't have any money for it.
　William Kamkwamba was a boy in a poor family. At night, his family used a *lamp for *light. Its black *smoke always *caused bad *coughs. He イ thinks, "What can I do for my family?"
　William wanted to go to school, but he had to stop going (　ウ　) there was no money. He worked in the fields to help his family, but he never stopped learning. He was interested in science. (　エ　) he had time, he liked to go to the village library to read books.
　One day, William read a book *Using Energy*. A picture of windmills was on the cover. This book changed his life. He got an idea. He went to a *scrapyard and started to *collect plastic boards, a *dynam, springs, a *rusted bike and any kind of *scrap for a windmill. People in his village didn't understand him at all.
　Two years later in 2003, his dream *came true. His windmill オ catches the wind and made electricity for light in his house. This helped his family a lot. Their coughing at night stopped at last. He was only 14 years old.
　People in his village *finally understood him. カ (1.to 2.see 3.people 4.his 5.a lot of 6.came) windmill. They couldn't believe their eyes. They presented him some money and William got back to school.
　He now says, "I want to make a windmill *company. And I will get much electricity for all the people in Africa." Don't you think that we can change our world just like William?

*for example …例えば　*electricity …電気　*lamp …ランプ　*light … 灯り　*smoke …煙　*cause …引き起こす　*cough …咳　*windmill …風車　*scrapyard …ゴミ捨て場　*collect …集める　*dynamo …発電機　*rusted …さびた　*scrap …スクラップ　*come true …実現する　*finally …ついに　*company …会社

問1　ア＿＿＿＿＿＿を日本語に訳しなさい。

問2　イ、オの動詞を正しい形に書き直しなさい。

問3　（ ウ、エ ）に適切な語を下から選び、その番号で答えなさい。
　　1．so　　　2．during　　　3．and　　　4．when　　　5．because

問4　カ（　　　　）内の語の順番を換えて英文を完成させ、4番目にくる単語の番号を書きなさい。

問5　風力発電によって家に灯りがともるようになる前、ウイリアムの家族の夜はどんな状況でしたか。日本語で答えなさい。

問6　風車を建てるためにウイリアムがゴミ捨て場から拾い集めたものは何ですか？　文中から3つ、英語の単語をそのまま書き抜きなさい。

問7　風車の会社を作りたいというウイリアムが描く壮大な夢は何ですか。日本語で答えなさい。

6 【理解に能力】それぞれの英文を1語で表す単語を選び、その番号を書きなさい。
a. This comes from the sky when it's very cold.
b. This is close to 'nice', 'great', or 'wonderful'.
c. You go to Shinyuri or Machida to do this. You need some money.
　　　　　　新百合　　　　町田
d. You cut down trees. And then they will become this.
e. If you do a lot of things in a short time, you'll become like this.

| 1. rain | 2. tired | 3. shopping | 4. century | 5. forest |
| 6. wood | 7. snow | 8. exciting | 9. excellent | 10. carpenter |

7 【言語についての知識・理解】（　　）内から適する語をそれぞれ1つずつ選び、その番号を書きなさい。
a. Tanabata is held (1. on 2. in 3. at) July 7th.

b. I'm (1. of 2. with 3. on) the softball club at school.

c. We use a piece (1. of 2. for 3. on) paper to make a paper bird.

d. English is spoken (1. by 2. in 3. for) the *Philippines.　　　　*フィリピン

e. That tall building is made (1. with 2. in 3. of) wood.

8 【言語についての知識・理解】（　　）内の語の順番を換えて英文を完成させ、それぞれ4番目にくる単語の番号を書きなさい。
a. カボチャは室町時代にカンボジアから日本にもたらされました。
　Pumpkins (1. into 2. were 3. Japan 4. from 5. brought) Cambodia in the Muromachi era.

b. それらの写真は君の先生によって撮られたのですか。
　(1. pictures 2. by 3. these 4. taken 5. were) your teacher?

c. 私たちは、日本文化について学ぶために京都と奈良を訪れました。
　We visited Kyoto and Nara (1. learn 2. about 3. culture 4. to 5. Japanese).

d. これまでにナナは何点取ってる?
　(1. points 2. Nana 3. how 4. many 5. has) scored so far?

e. 私はちょうどバスケの練習を終えたところです。
　(1. finished 2. basketball 3. I 4. just 5. have) practice.

英語科　中間テスト（3学年・前期）解答用紙

1	a		b	
	c		d	
	e		f	
	g		h	
	i		j	

2	a	
	b	
	c	
	d	
	e	

関心・意欲 ／24

3	①		②	
	③		④	
	⑤			

4	a	
	b	
	c	

表現の能力 ／13

聞き取りテスト

問題1	ア		イ		ウ	
	エ		オ			

問題2	ア		イ		ウ	
	エ					

5	問1	
	問2	イ　　　　オ
	問3	ウ　　エ
	問4	
	問5	
	問6	
	問7	

理解の能力 ／36

6	a		b		c		d		e	

7	a		b		c		d		e	
8	a		b		c		d		e	

問題3	ア		イ		ウ	
	エ		オ		カ	

知識・理解 ／27

3年　　　組　　　番　氏名＿＿＿＿＿＿＿＿＿＿＿＿

おわりに

　本当に「生徒は誰でも分かりたいと思っている」のでしょうか。学校の勉強など、まるで眼中になかったあの顔、この顔が目に浮かびます。必ずしも「生徒は誰でも分かりたいと思っている」わけではないが、「分かった瞬間は誰でもうれしい」というのが精々のところではないでしょうか。

　授業崩壊が契機となった私の帯学習はチャレンジングではあっても、およそクリエイティブとは言いがたい代物です。ですが、英語が得意な生徒も苦手な生徒も次第に意欲的に取り組んでくれるようになりました。手応えがあったからだろうと思います。分かった瞬間を積み上げることができる環境にいる生徒と、分かる瞬間はあるけれど、様々な事情からその瞬間だけで終わってしまう生徒の力を共に伸ばそうとするとき、ハードルを下げ、間口を広くした学習を帯状に長短何本も組み、さらにその帯を幾重にもオーバーラップさせることで生徒が既習の文法事項や表現に何度となくふれることができる帯学習は優れて有効性が高く、とりわけ基礎を固めるには最適かと考えます。

［荒れて、学習意欲に欠ける中学での授業評］

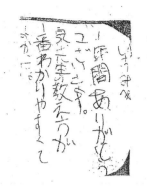

［優秀なお子さんの多い学校での授業評］

中1、中2、中3まで特意でなかった英語が特意になりました。
本当に泉先生のことは一生忘れないと思います。中学が始まる前は心配でしたが、泉先生のおかげで人生が変わったと言っても良いぐらいです。僕も誰かのためになりたいです。
泉先生といえば「カボチャ」、本当に助かりました。カボチャのおかげで学力が増し、自信もつきました。また、英語だけでなく、他の教科の授業に対しても積極的になれました。感謝しています。

英語の授業がとても楽しく、今まできらいだった英語が好きになったので、とても感謝しています。

3年ではじめて教えてもらい、とても今ではよかったと思います。最初のマシーンは0.1しかとれなくてけど、今ではもう少しとれるようになりました。長文もいっぱいとけるようになり、単語もおぼえられてありがとうございました。

3年間の英語は全て泉先生が担当をしてくださいました。泉先生でよかったと思っています。僕はテストの点があまり取れなくても英語が大好きで、だから高校選びの時も英語に力を入れているところを選びました。英語が好きだということを気付かせてくれた先生にとても感謝しています。先生の授業は英語のこと以外に戦争のひさんさや、社会のことなども伝えようとしてくれたりしていて、話もおもしろかったので心に残りました。いままでありがとう

とてもお世話になりました。先生の授業はとてもおもしろく、最初英語は嫌いでしたがだんだん好きになりました。

2年間英語を教えていただき、ありがとうございました。また、英語の授業とともに戦争の恐ろしさも教えてもらいました。世界の現状を知ることができたので、平和な世の中にしていくために自分のできることを精一杯やっていきたいと思っています。とても楽しかったです。

子供たちに人気があると聞いていたので、英語の授業を楽しみに参観させていただきました。
子供たちが集中して勉強にとりくんでいる姿が印象的でした。
また機会を設けていただけるとうれしいです。

つい2年ですが、英語の授業がとても楽しいようです。音楽を使ったクイズ形式であったり、シールをもらえたりで、子供たちは競って手を挙げているようです。

著者紹介

泉　　康 夫　（いずみ　やすお）

1953 年生まれ
武蔵大学人文学部卒
川崎市立中学校教諭　新英語教育研究会会員
英語授業研究学会・達人セミナー・ELEC 同友英語教育学会に注目しつつ、新英語教育研究会による研究・実践に学ぶ。

イラストレーター　Shireen AL-Zahawi, 鈴木れい子

タフな教室のタフな練習活動

発行日
2016 年 7 月 25 日　初版第 1 刷発行

著者
泉　康夫

編集制作
Wisdom 萱森　優

発行者
株式会社 三元社
〒 113-0033 東京都文京区本郷 1-28-36　鳳明ビル 1 階
電話／03-5803-4155　Fax ／03-5803-4156

印刷＋製本
シナノ印刷 株式会社

Izumi Yasuo © 2016
printed in Japan
ISBN978-4-88303-399-7
http://www.sangensha.co.jp/